ABBÉ E. WETTERLÉ

En Syrie

avec le

général Gouraud

Avec douze gravures hors texte et carte

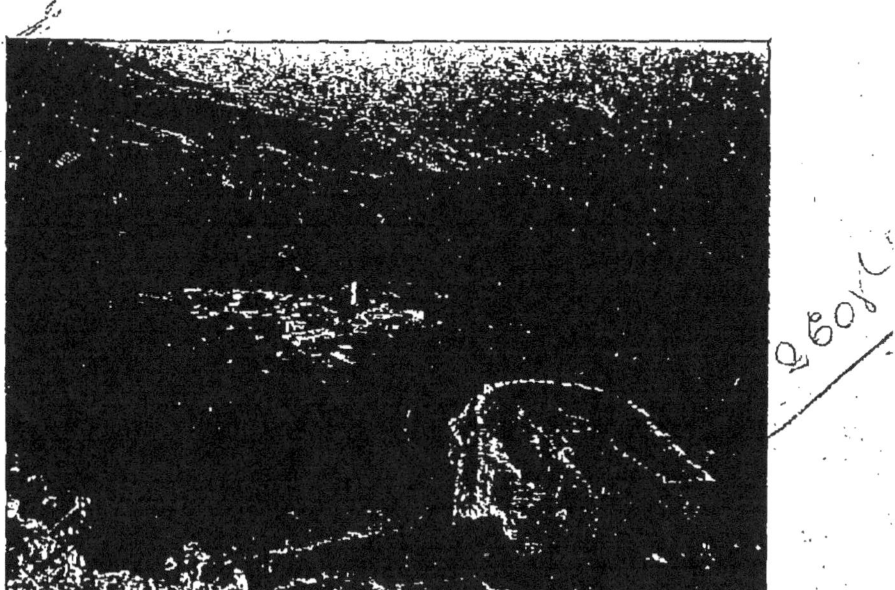

ERNEST FLAMMARION, ÉDITEUR

En Syrie

avec le général Gouraud

DU MÊME AUTEUR

Chez d'autres éditeurs :

VÉRITÉS ET PARADOXES. (*Épuisé.*)

PROPOS DE GUERRE. 2 volumes.

TÊTES DE BOCHES.

L'ALLEMAGNE QU'ON VOYAIT ET CELLE QU'ON NE VOYAIT PAS.

CE QU'ÉTAIT L'ALSACE-LORRAINE ET CE QU'ELLE SERA.

L'ALSACE LORRAINE DOIT RESTER FRANÇAISE.

LENDEMAINS RÉPARATEURS.

LE PROFESSEUR KURT-OSCAR MULLER.

AU SERVICE DE L'ENNEMI

LES COULISSES DU REICHSTAG.

En collaboration avec M. Carlos Fischer :

NOTRE ALSACE. NOTRE LORRAINE. Deux forts volumes in-4°. Illustrés.

E. GREVIN — IMPRIMERIE DE LAGNY

PORTRAIT DU GÉNÉRAL GOURAUD

ABBÉ E. WETTERLÉ

En Syrie
avec le général Gouraud

AVEC DOUZE GRAVURES HORS-TEXTE ET CARTE

PARIS
ERNEST FLAMMARION, ÉDITEUR
26, RUE RACINE, 26

1..

AVANT-PROPOS

Nous ne prétendons pas, mes compagnons
de route et moi, avoir découvert la Syrie. Le
pays de mandat a été exploré et décrit par des
centaines de voyageurs. Des économistes dis-
tingués ont énuméré toutes ses ressources et
signalé toutes les possibilités d'une exploitation plus rationnelle de ses richesses. Encore
ne trouve-t-on dans les ouvrages, qui ont été
publiés jusqu'à ce jour, sur ce sujet passion-
nant, que peu de tableaux d'ensemble.

La mission économique, dont j'ai fait partie,
comprenait des professeurs d'écoles commerciales et agricoles, des représentants de
chambres de commerce, des délégués d'associations touristiques, des correspondants de

grands journaux [1]. A tous ces professionnels les fonctionnaires de la Syrie ont fourni tous les renseignements qu'ils sollicitaient.

Le voyage fut rapide ; mais chacun des voyageurs s'appliquait à étudier ce qui l'intéressait davantage et communiquait ensuite ses observations à ses compagnons. J'ai donc pu voir, et par mes propres yeux et par ceux de mes amis de quelques jours, tous les aspects du problème syrien.

(1) Voici la liste des membres de la mission :

PARLEMENTAIRES : MM. Pierre Lenail, questeur de la Chambre; l'abbé Wetterlé, député.

CHAMBRES DE COMMERCE : MM. Burnier, directeur de l'Ecole des Hautes Etudes commerciales ; Wiriath, directeur de l'Ecole supérieure pratique de Commerce et d'Industrie de Paris ; Anglès, directeur de l'Ecole commerciale de la rive droite ; Pelosse, professeur de sériciculture, chargé de cours à la Faculté des Sciences à Lyon ; Clerget, directeur de l'Ecole supérieure de Commerce de Lyon ; Chambard, directeur de l'Ecole française de Tannerie ; Guichard, directeur de l'Ecole municipale de Tissage de Lyon ; Ged et Bergasse, membres de la Chambre de commerce de Marseille ; Max Dollfus, membre de la Chambre de commerce de Mulhouse.

GRANDES COMPAGNIES : MM. Chaix, vice-président du Touring-Club de France ; Rondet-Saint, directeur général de la Ligue maritime ; Pourcel, ingénieur en chef, adjoint au directeur de la Compagnie P.-L.-M. ; Daniel Zolla, secrétaire général du Comité d'action agricole colonial ; Fournier, vice-président du Conseil d'administration de la Banque de Syrie ; Roussel, président du Conseil d'administration de la Compagnie des Messageries maritimes ; Le Gallen, vice-président ; Philippar, administrateur, directeur général ; Liscoat, secrétaire de la Direction.

PRESSE : MM. Clair-Guyot (Illustration et Echo de Paris) ; Demartre (Matin) ; Vitoux (Petit Parisien) ; Dausset (Petit Marseillais et Petit Provençal) ; Walker (New-York Herald.)

En Syrie
avec le général Gouraud

I

UN DÉPART MOUVEMENTÉ

Formation de la mission. — Un souvenir de guerre. — L'Exposition coloniale de Marseille. — La grève des inscrits maritimes. — En route.

A bord du *Pierre-Loti*, mercredi, le 13 septembre. 1922.

C'était par une chaude journée du mois de juillet 1922. Le Parlement venait de fermer ses portes et je me demandais où je pourrais bien passer agréablement mes vacances.

Mon vieil ami, M. Pierre Lenail, questeur de la Chambre, me tira d'embarras en me faisant la proposition suivante :

— Que diriez-vous d'un voyage d'études en Syrie ? Vous êtes membre de la Commission des Affaires extérieures et de celle des Colonies et

Protectorats, où il est souvent question du Proche-Orient. On vous offre la possibilité de vous documenter sur place.

Après quelques hésitations, j'acceptai.

Trois semaines plus tard je recevais du général Gouraud la lettre que voici :

« Les gouverneurs de Syrie et du Liban me prient de me faire leur interprète auprès de vous, Monsieur le Député, en vous demandant de bien vouloir venir dans le pays sous mandat français en septembre prochain... La mission que vous honorerez de votre présence et qui réunit l'élite de notre entreprise et de notre pensée, répond aux vœux exprimés par les Syriens et les Libanais. Son but et sa portée ont reçu l'approbation de M. le président du Conseil, qui a tenu à donner ainsi au Levant une marque de sa haute sympathie. »

Et le général Gouraud, qui n'avait pas oublié les jours heureux qu'il passa à Strasbourg après l'armistice, ajoutait :

« Vous savez combien je serai heureux de causer avec vous de notre chère Alsace. »

Cette invitation du général Gouraud m'en rappelait une autre qui me fut transmise en janvier 1916, par M. Colrat, actuellement sous-secrétaire d'Etat à la présidence du Conseil, et qui, en ce temps-là, portait l'uniforme de lieutenant. Il s'agissait d'aller passer trois journées sur le front de Champagne avec M⁰ Chenu, ancien bâtonnier du barreau de Paris, M⁰ Henri-Robert, bâtonnier en exercice, et le publiciste Hinzelin.

L'hospitalité que nous offrit le futur vainqueur de la bataille de Champagne, fut aussi simple que cordiale. Le général Gouraud occupait, aux portes de Châlons, une maisonnette sans apparence et très sommairement meublée. Nous eûmes l'occasion d'admirer l'affectueuse sollicitude du grand chef pour ses troupes, comme aussi la vénération dont celles-ci entouraient le glorieux mutilé des Dardanelles.

Tandis que, sous la conduite d'un officier d'état-major, nous visitions les ruines de Souain, les guetteurs ennemis, ayant aperçu nos automobiles, l'artillerie allemande nous honora d'un copieux bombardement qui ne fit heureusement aucune victime. Puis ce fut la promenade silencieuse dans les tranchées de première ligne, quelquefois à cinquante mètres à peine des ouvrages ennemis, sous le feu entre-croisé des batteries des deux camps, la visite, en empruntant des routes camouflées, des abris où tonnait la grosse artillerie, des services de l'aviation et des formations sanitaires du front. Chaque soir nous revenions au quartier-général pour nous asseoir à la table du grand chef toujours souriant, mais quand même un peu inquiet, qui dut voir sans déplaisir rentrer à Paris les civils dont il avait la garde.

Je crois bien qu'aujourd'hui le général Gouraud nous attend sans plus aucune appréhension dans cette Syrie, qu'il a su pacifier en moins de deux ans et où il s'apprête à nous montrer les résultats rapides et pourtant si merveilleux de sa bienveillante administration.

Nous venons de passer deux jours à Marseille pour y visiter l'Exposition coloniale. L'ami Artaud nous en a fait les honneurs. Tous les enchantements y sont réunis, l'architecture si pittoresque des pavillons, l'agencement si ingénieux des produits exotiques, les statistiques, en même temps si savantes et si accessibles aux esprits les plus simples, les villages indigènes si vivants, les costumes si bariolés et, à côté de la mer d'azur, la prodigieuse fanfare des plus éclatantes couleurs dans le décor le plus suggestif.

Notre première journée de voyage a été marquée par des incidents pénibles. Nous avons craint de ne pas pouvoir partir. A 8 heures du matin on nous annonce en effet que la grève des inscrits maritimes va éclater. La publication du décret Rio, qui doit abolir la journée de huit heures pour les travailleurs de la mer, est attendue à tout moment. On dit que, devançant la

SMYRNE. — RÉFUGIÉS SUR LE QUAI.

décision du sous-secrétaire d'Etat pour la marine marchande, les équipages ont mis sac à terre. Le *Pierre-Loti*, que nous devons prendre, sera sans doute contraint de désarmer.

Nous nous rendons au siège des Messageries maritimes. On nous conseille d'embarquer quand même. Des pourparlers sont engagés entre la direction de la Compagnie et le comité des inscrits. Peut-être l'entente pourra-t-elle se faire à la dernière heure. Le paquebot doit lever l'ancre à 4 heures de l'après-midi. On a obtenu par dépêche que le décret ne paraisse à l'*Officiel* que demain.

De fait, quand nous montons sur le pont du *Pierre Loti*, tous les matelots sont à leur poste, la cheminée fume, le remorqueur est attelé au paquebot. Cependant les officiers ne sont pas entièrement rassurés. Les négociations continuent dans la cabine du capitaine. Les bruits les plus contradictoires circulent.

Une vedette, à bord de laquelle se trouve un des chefs du syndicat des inscrits, fait constamment le tour du *Pierre-Loti*. Des signaux mystérieux sont échangés entre ce personnage inquiétant et les matelots de l'équipage qui, nous le remarquons, sont très ennuyés de subir cette tyrannie ; mais qui obéiront néanmoins, s'il leur est donné, à l'ordre d'abandonner le navire.

Il est 4 heures. Rien ne bouge. Le câble, qui nous relie au remorqueur, flotte sur l'eau sale de la Joliette. L'angoisse s'accroît. Allons-nous, au sens le plus tragique du mot, échouer au port ?

Le temps passe, combien long et angoissant. Enfin, à cinq heures, l'homme de la vedette sort sa montre. Il fait un signe et la machine du remorqueur se met à ronfler, le câble se tend, nous sommes en route. Nous acclamons celui qui nous a délivrés et qui daigne sourire maintenant des terreurs qu'il nous a inspirées.

On nous apprend que l'équipage a obtenu toutes les satisfactions qu'il désirait. Le décret Rio ne lui sera pas appliqué pendant la traversée. La Compagnie a de plus accordé une prime exceptionnelle aux matelots.

Et maintenant les hélices du paquebot font entendre à leur tour leur joyeuse chanson. Nous saluons, en passant, Notre-Dame de la Garde, protectrice des navigateurs.

Chacun descend dans sa cabine pour procéder à son installation. La mienne est spacieuse et bien aménagée. Puis vient le « tour du propriétaire » sur le bateau, la visite des luxueuses salles communes, la promenade sur les ponts. On fait connaissance avec ceux qui, pendant quarante jours, vont être nos compagnons de voyage ? Les présenterai-je tous aujourd'hui ? Ce serait trop long.

Entre temps la nuit approche. Nous assistons, pour la première fois, à un de ces merveilleux couchers du soleil, comme, seule, la Méditerranée les connaît. Puis c'est le repas copieux et soigné du soir. Notre table est présidée par M. Lenail, délégué du gouvernement et, comme tel, chef de la mission. M. et Mme Rondet-Saint y prennent place. Ils représentent, dans la caravane, la Ligue maritime. Comme ils ont parcouru presque tout l'univers, leurs récits sont très attachants. En société du ménage migrateur, nous visitons les cinq parties du monde, à bord d'un petit yacht de 400 tonnes. La Ligue ne pouvait pas confier ses destinées à des directeurs plus expérimentés.

Deux autres ronds de serviettes marquent à notre petite table les places de M. Zolla, professeur d'agriculture, homme modeste et de bonne compagnie, dont la conversation serait très instructive, s'il ne cherchait pas surtout à faire parler les autres, et de M. Fournier, qui nous initie aux mystères de la banque syrienne, dont il est le sous-directeur.

Nous formons tout de suite un groupe amical et joyeux, dont les relations resteront certainement excellentes pendant tout le voyage.

Après le dîner, promenade sur le pont, où je rencontre mon vieil ami, M. Roussel, président du Conseil d'administration des Messageries et ancien président du Conseil municipal de Paris, un gai compagnon, qui aime la gaudriole et cultive le calembour ; M. Philippar, un beau ténébreux, qui s'inquiète de tout et a la critique aussi facile que mordante, sans pour cela cesser d'être le plus aimable des hommes, M. Le Gallen, souriant et serviable, M. Liscoat, esprit positif, réfléchi et organisateur, enfin le commandant du *Pierre-Loti*, l'excellent M. Martino, qui fait son dernier voyage et que la retraite attend à son retour à Marseille, un de ces vieux loups de mer, courtois et attentionnés, qui sont constamment préoccupés du bien-être des passagers confiés à leur garde.

A dix heures le pont se dégarnit. La mer devient houleuse et on entend parfois le crissement aigu des hélices tournant dans le vide. Mieux vaut aller se coucher.

SMYRNE. — EMBARQUEMENT DES RÉFUGIÉS.

II

EN MER

A bord du *Pierre-Loti*, jeudi le 14 septembre.

La mer est changeante. Hier soir, elle semblait
étale, tandis que le ciel était sans nuages et entre
ces deux immensités bleues le *Pierre-Loti* glissait
presque silencieusement. On eût pu croire le
paquebot immobile si son sillage n'avait pas
coupé d'une large ligne d'argent l'indigo presque
noir de la Méditerranée. Pendant la nuit nous
avons dansé quelque peu. Ce matin, merveilleux
panorama des côtes de la Corse que nous longeons et qui nous protègent contre le vent du
sud. Le capitaine est assez aimable pour pousser jusqu'à Bastia, dont il tient à nous faire admirer la silhouette blanche se détachant vigou-
reusement sur les montagnes grises et vertes
d'un cirque pittoresque. L'île d'Elbe, et Monte-

Cristo, que nous côtoyons nous rappellent et de
grands souvenirs historiques et de belles œuvres
d'imagination. Napoléon et Alexandre Dumas
voisinent.

A bord la vie ne manque pas d'agrément. Mes
compagnons de route sont tous des hommes de
haute culture intellectuelle et d'une grande expérience. Bon nombre d'entre eux ont beaucoup
voyagé. Leur conversation très instructive et fort
plaisante remplit des heures, qui pourraient, sans
cela, devenir monotones, malgré les aspects si
changeants de la mer.

Comme nous voyageons avec tout l'état-major
des Messageries maritimes, rien ne manque à
notre confort, ce qui ne signifie nullement que
sur les bateaux, qui n'ont pas cet honneur, la
Compagnie se montre moins attentionnée pour
ses clients. J'ai la chance d'occuper seul une
cabine assez vaste (2 m. 50 × 3). Grâce à l'ingénieux arrimage des meubles, elle devient successivement chapelle avec autel portatif, cabinet
de toilette, salle de travail, chambre à coucher.

On aurait tort de supposer que nous soyons,
à bord, privés de tous rapports avec la terre
ferme. Les dépêches des agences sont transmises
par la T. S. F. et immédiatement affichées. L'état-
major du bateau communique à son tour avec
ses agents pour préparer notre réception aux différentes escales prévues. C'est ainsi que Naples
a été avisé que, demain matin, les membres de
la mission se rendront à Pompéi et qu'il faudra

tenir des automobiles à leur disposition. Plusieurs passagers ont reçu des sans-fils privés et en ont expédié. Quelle belle invention tout de même !

III

LA BELLA NAPOLI

Un peu de houle. — Naples. — Pompéï.

A bord du *Pierre-Loti*, vendredi le 15 septembre.

Un mal qui répand la terreur,
Mal que le ciel en sa fureur
Inventa pour punir les péchés de la terre,
Le vertige, il faut bien l'appeler par son nom,
Faisait aux *passagers* la guerre.

Je crois que c'est en ces termes que La Fontaine parlait du mal de mer. Un peu de houle, un peu de roulis, un peu de tangage, il n'en a pas fallu plus pour mettre momentanément quelques-uns de mes compagnons de route hors de combat. Jusqu'ici j'ai tenu bon et le balancement rythmique du bateau m'invite plutôt à remplir mon estomac qu'à le vider. L'air de la mer est le meilleur des apéritifs, quand il ne produit pas l'effet contraire.

Ce matin, grand branle-bas dès cinq heures. Nous approchons de Naples. Il faut bien vite faire un bout de toilette, déjeuner et monter sur le pont, pour admirer la plus belle rade du monde. Le ciel est sillonné de nuages.

Je vois surgir de la nuit Capri à droite, Ischia et Pausilippe à gauche. L'aurore n'a pas ce matin des doigts de rose, mais des doigts de safran, qu'elle promène sur les vapeurs avec une incomparable maîtrise. Enfin Naples apparaît au fond du golfe, en même temps que le soleil se lève.

La manœuvre est longue. Tous les passagers en suivent les phases avec intérêt. Sur le quai d'innombrables marchands se sont réunis et essayent de donner l'assaut au paquebot, dès que la passerelle est jetée. Des gamins quémandeurs les escortent. Tout le monde est un peu de la même famille à Naples, quand il s'agit de dépouiller gentiment les étrangers.

Nous descendons du bateau pour prendre les automobiles qui nous transportent à Pompéï. Le trajet est long (27 kilomètres) et accidenté. La chaussée compte plus de trous profonds que de dalles en équilibre. On a retenu des guides, qui nous font, pendant deux heures d'horloge, les honneurs de la vieille cité romaine. Après le

déjeuner, la plupart de mes compagnons de route
repartent à 2 heures pour Naples, dont ils vont
visiter les curiosités. Connaissant les monuments
de la ville de saint Janvier, je reste à bord et je
m'amuse à jeter des sous aux gamins, qui plon-
gent gaiement dans l'eau nauséabonde du port
pour les attraper. Puis je vais un peu travailler
dans ma cabine.

Nous avons eu deux ondées ce matin et combien abondantes. L'air est plutôt frais (il était
franchement froid à Marseille). Le Vésuve n'a
pas daigné se décapuchonner dans la journée. Il
est, paraît-il, coutumier de cette impolitesse. Le
soir, au moment de l'appareillage, son sommet
se découvre, couronné d'un très léger panache
de fumée. A cinq heures du matin, j'avais, avant
le lever du soleil, aperçu quelques éclairs au-
dessus du cratère.

Nous quittons le port de Naples à six heures
de l'après-midi, par un soleil radieux. La foule
des marchands de raisins, de bananes et de petits
bibelots, nous assaille de nouveau de ses offres.
Les gamins exécutent leurs derniers plongeons.
Sur une barque, qui nous accompagne, des
joueurs de mandoline nous donnent un concert.
En passant, nous saluons deux cuirassés italiens
qui ont arboré le grand pavois en l'honneur de
saint Janvier, dont les Napolitains célèbrent une
des fêtes annuelles. Le décor est vraiment beau de
la cité s'étageant sur les flancs de la montagne,
au fond de cette baie, qui est une des merveilles

du monde. Nous passons devant Capri avant que la nuit tombe.

J'ai eu le temps de parcourir les journaux italiens aujourd'hui. Dans de longues et sensationnelles dépêches, ils annoncent l'incendie de Smyrne « brûlant comme un bûcher » et signalent l'envoi de secours. Les radios du poste de T. S. F. nous donnent à 9 heures du soir la confirmation de ces nouvelles, qui, pour nous, ont le plus haut intérêt, puisque nous devons relâcher une journée devant Smyrne.

IV

CHEZ LES ANGLAIS

Messine. — Les côtes de la Sicile. — Malte.

A bord du *Pierre-Loti*, samedi le 16 septembre.

J'avais demandé à être réveillé ce matin de bonne heure, au moment où nous passerions devant le Stromboli. J'en ai été pour ma peine. Il faisait nuit noire et le volcan ne daigna révéler sa présence ni par des éclairs, ni même par des lueurs diffuses. Le lever du soleil fut quelconque. Par contre le panorama devint merveilleux quand nous nous engageâmes dans le détroit de Messine. La ville, détruite par un tremblement de terre, a été à peu près reconstruite. On ne découvre plus de traces de la catastrophe que sur les murs des anciennes fortifications maritimes, ou détruites ou crevassées. Sur une mer sans rides, le *Pierre-Loti* passe entre Messine et Reggio de Calabre. De nombreuses barques de pêcheurs sillonnent les flots bleus. Nous croisons le *La Fayette*, le frère jumeau de notre bateau.

Très aimablement le commandant a décidé de nous faire longer la côte pittoresque de la Sicile jusqu'à Syracuse. Avant de prendre la direction du sud, nous saluons les écueils célèbres de Charybde et de Scylla. Ils n'ont pas l'aspect sinistre que leur prête la légende.

Toute la côte orientale de la grande île présente le même aspect. Hautes montagnes descendant en échelons jusqu'à la mer pour former des centaines de petites vallées où l'olivier est cultivé. La côte, elle, est couverte d'innombrables citronniers. Dans cette nature abrupte grouille une population très dense, moins riche, parce que moins travailleuse, que celle de l'ouest, où les viticulteurs de la région de Marsala vivent dans l'abondance.

Voici Taormina, avec ses ruines célèbres. Nous distinguons très bien les murs de son théâtre romain si bien conservé, avec ses gradins et ses colonnes de marbre, et dont la scène s'ouvre sur la perspective de l'Etna et de la mer. Le troisième volcan, que nous trouvons sur notre route, est aussi paresseux que les deux autres. A peine si quelques fumeroles se montrent au-dessus du sommet (3.300 mètres). Un de nos compagnons de route, qui a passé trois semaines en Sicile, nous raconte ses impressions de voyage. Elles se résument en quelques mots : paysages splendides, ruines merveilleuses, population querelleuse et peu hospitalière, partout de la vermine en abondance.

Cette plaie du pays empêche les voyageurs de jouir du spectacle prodigieux d'une nature tourmentée dont le soleil a fait un paradis. C'est ainsi que le Grand Hôtel de Taormina, ancien couvent de dominicains, dont le cloître est rempli de superbes rosiers (nous le voyons fort bien en passant), donne l'hospitalité à des légions de punaises.

C'est près de l'Etna que les Grecs avaient placé l'atelier des Cyclopes. A les en croire, quand le volcan se couvrait d'un panache de flammes, Vulcain forgeait les flèches d'Apollon et les armures des autres dieux de l'Olympe.

A partir de Taormina, la côte de Sicile s'incurve. Nous mettons directement le cap sur Syracuse, que nous découvrons vers 11 heures. Le temps est délicieux, ensoleillé et frais.

Pour nous distraire, on nous fait faire l'exercice de sauvetage. Chacun va chercher dans sa cabine sa ceinture de liège et prend place sur le pont inférieur à l'endroit où viendra se placer, en cas de danger, le canot dont il connaît le numéro. Les dames elles-mêmes semblent s'amuser de cet exercice pourtant macabre. Comment en effet, penser sérieusement à un naufrage sous un ciel si pur et sur une mer si tranquille ?

Vers deux heures nous quittons la Sicile pour cingler sur Malte. Pendant trois heures, nous ne voyons plus que le ciel et l'eau. Plus d'île en vue et, comme nous avons quitté la grande ligne des paquebots, plus aucune voile, aucun panache de fumée.

Le rocher de Malte surgit de la mer vers cinq heures et demie. Figurez-vous un promontoire surélevé en forme de parallélipipède entouré de rades profondes où plusieurs flottes puissantes peuvent s'abriter. Sur ce promontoire rocheux a été bâtie une ville élégante, dont les maisons en pierre de taille, très bien entretenues, sont toutes ornées de miradors, de logettes. Mélange surprenant d'architecture orientale et de confort européen, d'art italo-turc et de propreté anglaise. Nous prenons pour la première fois contact avec le Levant, mais avec un Levant qui s'est accommodé aux traditions occidentales d'ordre et de méthode. Autant Naples est d'une saleté presque touchante, autant Malte est d'une reluisante netteté.

Des deux côtés de La Valette, deux promontoires, en forme d'énormes pinces, ferment leurs branches autour des ports. Le tout, promontoires et cité, se présente sous l'aspect d'une formidable forteresse, dont les murs énormes, plongeant dans la mer, atteignent une hauteur de près de cinquante mètres. Partout des bastions, des tours, des machicoulis. Fortifications anciennes, d'un pittoresque saisissant par sa masse et par l'élégance pesante de ses lignes. On est tout surpris, derrière ces barrières massives, de découvrir une cité aussi artistique. Combien de générations ont travaillé à créer cet incomparable joyau, que peu de touristes visitent, hormis les Anglais.

Vers six heures du soir, après la formalité du contrôle des passeports (les Anglais sont très formalistes), nous partons pour visiter la cathédrale, ancienne collégiale des Chevaliers de Malte. Pure merveille que cette large église romane. Ses dalles sont faites de pierres tombales sur lesquelles on lit avec émotion les noms de toutes les grandes familles de l'aristocratie européenne, surmontés des blasons les plus illustres. Les pilastres sont couverts de fines sculptures. Dans les chapelles latérales, des mausolées ont été réservés aux grands maîtres de l'Ordre. Les stalles du chœur sont d'un travail remarquable. Tout l'ensemble frappe par son harmonie et sa majesté. Dans la crypte, nous nous inclinons devant le tombeau de La Valette, surmonté de la statue couchée du célèbre grand-maître. A l'époque de leur splendeur, les moines-chevaliers furent près de 3.000. Ils dominaient alors la Méditerranée.

On nous montre les souvenirs de cette époque glorieuse à l'arsenal, attenant au palais du gouverneur, où se trouve une collection, qui n'a pas de pareille, d'armures ciselées, d'épées, de lances, de meubles, de soieries, de brocarts, de tableaux, trésors que les anciens possesseurs de l'île avaient accumulés dans leurs demeures princières.

L'agent de la Compagnie des Messageries maritimes est un riche commerçant maltais. Il nous invite à venir visiter sa maison, véritable musée, où des toiles anciennes de grande valeur voisinent avec des meubles italiens modernes, surchargés de moulures dorées, dont le goût est aussi douteux que la richesse provocante.

Comme nous n'avons pas pu accoster à quai, ce sont des barques qui nous ramènent à bord vers onze heures du soir. Elles sont manœuvrées par ces matelots maltais, dont on ne saurait dire s'ils sont turcs, italiens ou marseillais, race de sang mêlé, mais qui a fini par créer un type très résistant. Plus de 600.000 Maltais ont émigré en Tunisie, en Algérie, en Sicile, en Orient. On les retrouve partout, industrieux, âpres au gain, restant toujours fidèles à leur pays d'origine.

L'île de Malte a trente kilomètres de longueur et quinze de large. Les Anglais en ont fait une base navale incomparable. En ce moment il ne reste presque plus de navires de guerre sur rade. Toutes les unités de la flotte sont parties pour le Levant. Depuis deux jours des transports embarquent des troupes de renfort à destination de Constantinople.

J'ai eu l'occasion de m'entretenir avec quelques Maltais instruits. Ils m'ont dit que les habitants autochtones de l'île ne sont guère satisfaits de la domination anglaise. Ils voudraient que, dans les écoles, une place plus large fût faite à la langue locale. Celle-ci est apparentée à l'italien, bien qu'il s'y trouve nombre de mots et de constructions d'origine arabe. Les gutturales y sont nombreuses. Ce n'est pas la langue chantante de la Romagne, mais un dialecte rocailleux qu'on est tout surpris d'entendre sortir des lèvres de ces demi-latins.

Et maintenant en route pour Athènes.

V

LE DIMANCHE A BORD

Messe sur le pont. — Réflexions sur le mandat.

A bord du *Pierre-Loti*, dimanche le 17 septembre.

Journée sans incidents. Aucune terre en vue. A huit heures, messe sur le pont. Les marins ont fait merveille. Sous une tente, ornée des drapeaux alliés, un autel a été érigé, qui domine la mer. La plupart des passagers et les matelots, qui ne sont pas de corvée, assistent à l'office.

On bavarde pour passer le temps.

— Qu'est-ce donc que le mandat qu'on nous a confié en Syrie ?

— Le mandat ? Mais c'est une invention du dangereux idéologue qu'était M. Wilson.

— Mais encore ?

— Eh bien ! voilà ! Il y a trois espèces de mandats : A. B. et C. Le mandat C c'est l'annexion pure et simple, consacrée par un vote de la Société des Nations. Autrefois un pays qui en annexait un autre était obligé, à ses risques et périls, d'abord de le conquérir et puis de le défendre, au besoin les armes à la main. On a changé tout cela. Maintenant c'est l'ensemble des puissances, dont les délégués se réunissent à Genève, qui dispose en faveur d'un pays déterminé, d'un territoire qui n'appartient à aucune d'entre elles. Mettons, si vous le voulez bien, que le vol individuel a été remplacé par des complicités collectives. Il va sans dire que les Anglais ont obtenu le mandat C. pour presque toutes les anciennes colonies allemandes, tandis que pour le Cameroun et le Togo nous ne devons obtenir que le mandat B.

Celui-ci est ce qu'autrefois nous appelions un protectorat, l'annexion en deux temps, dirait un mauvais plaisant. Les protectorats finissent, en effet, très souvent par l'absorption complète du protégé par le protecteur.

Quant au mandat A, la formule en est aussi originale qu'obscure. La voici : « Certaines communautés, qui appartenaient à l'empire Ottoman, ont atteint un degré de développement tel, que leur existence, comme une nation indépendante, peut être reconnue, à la condition que les conseils et l'aide d'un mandataire guideront leur

LA MISSION CHEZ MUSTAPHA-KÉMAL.

administration jusqu'au moment où elles seront capables de se conduire seules. »

Certaines communautés ? Voyons lesquelles. Les Arméniens, peut-être ? Non, puiqu'on a permis aux Turcs de les supprimer, comme Etat, et même comme individus, et que les Etats-Unis, auxquels on avait offert leur protection se sont prudemment récusés. Les habitants de la Géorgie et de l'Azerbeidzan ? Pas davantage, puisque la Société des Nations n'a pas même essayé de protester, quand les Bolchevicks les ont asservis. Restent les Arabes de l'Hedjaz, de la Syrie et de la Palestine.

Le « développement » de cette race, pour m'exprimer comme le Covenant, est-il suffisant pour que leur existence, en tant que nation indépendante, puisse se justifier ? Au cours de notre enquête nous essayerons de nous renseigner sur ce point. Pour l'heure, il me paraît cependant étrange que des Suédois, des Norvégiens, des Suisses, des Américains du Sud puissent formuler sur cette question un avis motivé. Or ce sont ces « neutres » qui doivent décider *a priori*, sous l'inspiration patente de nos bons amis, les Anglais, que les Arabes sont assez « développés » (oh ! cette imprécision voulue des mots !) pour se gouverner eux-mêmes.

Voyons ce qu'il en est. Les Arabes du Hedjaz vivent sous le régime de la plus dégradante des féodalités. Aucune instruction, une civilisation inexistante, partout l'abus de la force et le pillage érigés en principes. Les Turcs eux-mêmes ne maintenaient leur domination précaire en Arabie qu'à coups de fusil et de canon. Quant au « roi » Houssein, autant dire qu'il ne gouverne que là où opèrent ses bandes de brigands.

Mais il n'en est pas de même en Syrie et en Palestine, m'objecterez-vous ! C'est vrai. Nous allons trouver des agglomérations de gens plus civilisés. Seulement voilà ! où, quand et comment ces groupes nationaux ont-ils fait la preuve qu'ils étaient arrivés au degré de « développement », si mal défini par M. Wilson ? Il fut un temps, mais combien éloigné de nous, où les Abbassides et les Ommiades, qui, entre nous, n'avaient rien des souverains constitutionnels, régnèrent avec éclat sur la race arabe. De cette splendeur passée il ne reste plus rien depuis des siècles. Les Turcs l'ont effacée et l'ont remplacée par la plus abrutissante des tyrannies. Comment les esclaves d'hier pourraient-ils, du jour au lendemain, devenir les libres citoyens d'un Etat complètement indépendant ? Il y a incontestablement, dans ces pays, des hommes qui ont reçu, dans nos Universités et dans les écoles que nous avons fondées là-bas, une instruction suffisante pour qu'il soit possible de les associer aux responsabilités du pouvoir. Cela ne suffit pas cependant pour accorder une autonomie intégrale à un peuple qui, d'après nos théories démocratiques, doit, dans son ensemble, décider de son avenir. On nous dit que, par an, en Syrie et dans

le Liban, 40.000 enfants fréquentent les écoles
publiques et privées. Il devrait y en avoir de 5 à
600.000. Quels électeurs conscients fournira la
masse des illettrés ? N'avons-nous pas appris,
qu'après avoir souhaité le mandat français, lors
de l'enquête de la commission américaine, les
Syriens s'étaient éperdument jetés dans les bras
du Bedouin Fayçal, pour ensuite acclamer, avec
le même enthousiasme, le général Gouraud ?
Leur « développement » me semble donc très
sujet à caution. Mais je ne veux préjuger de rien.
Nous allons précisément en Syrie pour nous faire
sur place une opinion raisonnée.

Par contre, nous pouvons dès maintenant épilo-
guer sur les droits et les obligations de la puissance mandataire. Ces droits et ces obligations
sont limités dans leur durée, puisqu'ils doivent
disparaître le jour où les Etats nouvellement créés
seront « capables de se conduire seuls », et dans
leur étendue, puisqu'ils se réduisent « aux conseils et à l'aide », pour me servir des termes
mêmes du Covenant.

Le texte qui les définit est plein d'obscurités
voulues. Et d'abord qui donc fixera le moment
où les peuples sous mandat fourniront la preuve
de leur maturité politique ? Et puis, dans le cas
qui nous occupe, suffira-t-il de proclamer cette
maturité pour protéger les bénéficiaires contre
les entreprises, d'un côté des Turcs, de l'autre
des Bédouins de l'Irak et de la Transjordanie ?
Or, le jour où la puissance mandataire aura été

invitée à se retirer, on peut supposer qu'elle ne fera plus aucun sacrifice en hommes et en argent pour assister ses anciens protégés, d'où l'on peut conclure, presque avec certitude, que la proclamation de l'indépendance complète des Etats marquera pour eux le début d'un nouvel asservissement.

En attendant nous devons aux Syriens « aide et conseils ». Ce que signifie le mot « aide », nous le savons par expérience. Quelques milliers de soldats tués et 2 milliards et demi de dépenses non recouvrables. Quant aux conseils, seront-ils platoniques ou impératifs ? Tout est là. Dans la première hypothèse, et c'est celle que cherchent à faire triompher nos adversaires, mieux vaut s'en abstenir ; car notre prestige souffrirait trop de les voir repousser. Dans la seconde, et c'est la seule qui paraisse logique, le mandat devient un protectorat déguisé, qui ne se distingue du vrai que par sa durée limitée.

Il faut appeler les choses par leur nom et redouter, par-dessus tout, en pareille matière, la piperie des mots. La seule, la vraie limitation réelle des pouvoirs de la puissance mandataire semble se trouver dans le contrôle que peut constamment exercer la Société des Nations sur leur exercice.

Quant au reste, cette discussion est, pour l'heure, purement théorique. Le mandat syrien ne nous a pas encore été formellement confié. Il ne le sera que quand les réserves, formulées par l'Italie, auront disparu. C'est à San Remo que le grand Conseil des alliés, écartant les accords Stickes-Pinot de 1916, qui nous étaient beaucoup plus favorables, a donné provisoirement ce caractère à notre occupation du Liban et de la Syrie et à l'occupation de la Palestine par les Anglais.

Je vous ferai encore remarquer, à ce propos, que nos amis d'outre-Manche, qui nous créent tant de difficultés en Syrie, ne s'embarrassent pas des mêmes scrupules en Terre sainte. Non seulement le gouverneur anglais de ce dernier pays l'administre comme une simple colonie ; mais il prétend encore, contrairement à la volonté nettement exprimée de la population autochtone, le livrer en toute propriété à des immigrants étrangers dont les droits sont périmés par une prescription de dix-huit siècles. La Société des Nations s'est-elle inscrite en faux contre cette singulière façon d'appliquer le mandat A ? Non ; mais alors...

— Fort bien, les Anglais ont tort de nous chercher noise en Syrie ; mais, nous-mêmes, n'avons-nous pas tort de vouloir y demeurer ? Cela nous coûte gros et cela ne nous rapporte que des ennuis.

— Il y a du vrai dans votre remarque. Cependant n'oubliez pas que nous sommes solidaires de nos ancêtres et qu'en abandonnant une politique, qui fut toujours la leur, nous compromettrions singulièrement notre prestige. Depuis que la France existe comme grande puissance, elle a toujours exercé son influence dans ce que nous appelons maintenant le Proche-Orient. Déjà Charlemagne correspondait avec le sultan Haroun-al-Raschid et obtenait de lui que les chrétiens de son empire fussent mieux traités. Les croisés s'établirent plus tard en Syrie, où nous retrouverons les ruines des puissants châteaux-forts qu'ils y construisirent et qu'ils occupèrent pendant deux siècles. En ce temps-là les Libanais les assistèrent et obtinrent d'eux le droit de se faire gouverner par leurs « Reiss. » Ils fournirent des troupes à Saint-Louis. En 1536, François Ier obtint du sultan, pour les chrétiens orientaux, les privilèges qui prirent plus tard le nom de Capitulations et qui furent maintenus, avec des fortunes diverses, jusqu'à nos jours. Dès le xviie siècle des missionnaires français s'établirent dans le Liban. Louis XIV s'intéressa vivement au rayonnement de l'influence française en Orient et exerça effectivement en faveur des catholiques le protectorat qu'avaient déjà revendiqué ses prédécesseurs. Ses lettres aux Libanais datent de 1649. Des Syriens furent consuls de France au xviie et au xviiie siècles en Turquie. La Révolution elle-même reprit, sur ce point, les traditions de la monarchie. Quand Bonaparte assiégea Saint-Jean-d'Acre, les Libanais, par gratitude, lui prêtèrent aide et assistance. En 1860 les Druses, encouragés par les Turcs, massacrèrent quelques milliers de chrétiens du Liban. La France organisa immédiatement une expédition militaire en Orient et obtint à ses protégés un statut national très libéral. Depuis lors nos missionnaires n'ont cessé d'apporter aux populations syriennes et libanaises, avec l'exemple de leurs vertus, les bienfaits de la civilisation « franque ». La France est ainsi devenue la seconde patrie des habitants du pays, dont nous revendiquons aujourd'hui la garde. Notre langue est parlée presque partout dans ces régions, que les Russes et les Anglais n'ont jamais réussi, malgré tous leurs efforts, à faire entrer dans leur sphère d'influence. Nous sommes donc chez nous là-bas et nos rivaux n'ont rien à opposer aux parchemins plusieurs fois séculaires que nous leur présentons.

— Ce sont là des considérations d'ordre sentimental. Nous vivons cependant à une époque plus positive. L'entreprise ne vaut rien, si elle doit se solder uniquement par des déficits.

— Vieille rengaine. Déjà on la servait à Louis-Philippe, quand il occupa l'Algérie, à Jules Ferry, quand il prit pied en Indo-Chine. Quand nous allâmes en Tunisie et au Maroc, elle fut reprise par les adversaires impénitents de toute expansion territoriale. Or qui donc voudrait aujourd'hui renoncer à ces splendides pays de colonisation ou de protectorat, qui sont les plus beaux joyaux de la France ?

Avant de juger de la valeur économique de la Syrie, mettons ce pays en valeur. Et puis n'est-ce donc rien que de posséder un solide bastion au fond du bassin de la Méditerranée ? N'est-ce rien que de pouvoir utiliser, pour notre expansion commerciale, les aptitudes d'un peuple qui fut, de tout temps, le plus habile des intermédiaires ? N'est-ce rien que d'être à même d'étendre, grâce à lui, l'empire de notre langue et de notre culture intellectuelle ? Enfin, qui donc nous dit que, dans ces contrées, qui furent jadis si riches et que, seule, la mortelle incurie des Turcs a ruinées, l'agriculture et l'industrie ne retrouveront plus leur ancienne prospérité ? C'est bien à contre-cœur que les Anglais nous ont abandonné un pays, qu'ils convoitaient si ardemment et où ils nous remplaceraient sans délai, si nous nous en retirions.

— Encore faudrait-il que Syriens et Libanais fussent d'accord pour vous confier la garde de leurs intérêts.

— Il semble bien qu'ils le soient, au moins dans leur grande majorité. Après l'armistice, une commission américaine fut chargée d'une enquête sur les préférences de la population syrienne. L'enquête nous fut favorable, bien que les enquêteurs n'eussent pour nos revendications aucune sympathie. C'est alors que le mandat nous fut confié ou, pour parler plus juste, promis.

— On affirme cependant que notre Haut-Commissaire rencontre maintenant, là-bas, des oppositions grandissantes.

— Faut-il en être surpris ? Le fanatisme des

Jeunes-Turcs exerce partout, dans le monde musulman, les mêmes ravages sur les esprits de quelques ambitieux. Les Anglais ont fort à faire pour se défendre contre les Jeunes-Egyptiens. Nous savons par expérience ce dont sont capables les Jeunes-Tunisiens et les Jeunes-Algériens. Vous avez certainement reçu les brochures dans lesquelles des Libanais protestent contre notre occupation de leur pays. Avez-vous remarqué qu'elles sont toutes signées par des hommes qui n'habitent plus le pays ? Il y a 600.000 émigrants libanais qui sont allés chercher fortune en Egypte, en Autriche, aux Etats-Unis et ailleurs. Beaucoup y occupent des situations avantageuses. Ces déracinés continuent à s'occuper de leur pays d'origine. Ils s'imaginent que la mentalité de leurs compatriotes, demeurés en Syrie, a évolué comme la leur. Les mémoires présentés à la Société des Nations et dans lesquels on exigeait l'indépendance étatique complète des nouveaux Etats étaient leur œuvre. On aurait tort de s'imaginer que les victimes d'hier de la tyrannie des valis turcs partagent, sur ce point, l'opinion de ces esprits inquiets et brouillons.

— Il n'en reste pas moins vrai que nos rivaux nous accusent, avec quelque apparence de vérité, d'impérialisme, en voyant que nous nous installons en Syrie et que nous y poursuivons une réforme radicale des institutions du pays.

— De quel droit le font-ils ? Comment les Anglais se sont-ils comportés en Egypte ? Qu'auraient-ils fait de la Turquie, si l'armée grecque, leur mandataire, était entrée à Constantinople ? N'est-ce pas de Londres et de Washington qu'était parti le mot d'ordre : « Plus un seul Turc en Europe ? » Et les compatriotes de M. Wilson ont-ils jadis demandé leur avis aux citoyens de Cuba et des Philippines, avant d'annexer leurs îles aux Etats-Unis ? J'en passe. Tous ces moralistes ne respectent le droit qu'en théorie les peuples possèdent de disposer d'eux-mêmes que quand leurs propres intérêts ne sont pas en jeu. En ce moment, ils sont en train d'accaparer tous les terrains pétrolifères du monde. N'est-ce pas là de l'impérialisme et du pire ?

Nous avons une toute autre conception du droit international. Personne ne pense chez nous à une annexion de la Syrie et du Liban. Nous y remplissons avec une conscience scrupuleuse nos obligations d'éducateurs, désintéressés sans aucun doute, mais soucieux quand même de maintenir, dans l'intérêt même des populations indigènes, l'ordre politique que de trop grandes faiblesses risqueraient de compromettre. Que d'autres en fassent autant.

C'est ainsi que notre dimanche s'est passé en discussions courtoises, que nous reprendrons peut-être, avec plus d'utilité, lorsque nous aurons pu contrôler sur place les renseignements purement livresques dont nous disposons.

VI

SUR LES RUINES DE L'ACROPOLE

Les côtes de la Grèce. — Salamine. — L'Acropole.

Athènes, lundi le 18 septembre.

Nous avons doublé ce matin à cinq heures le cap Matapan. A l'arrière-plan se dresse le mont Taygète. Avant d'arriver au cap Malée, nous longeons l'île de Cythère (Cérigo) qui nous apparaît déserte, pelée, tourmentée, comme toute la côte du Péloponèse ou de la Morée, pays montagneux de couleur grise, sans arbres, sans buissons où, sur les rochers, on ne découvre que de maigres pâturages. A en croire les auteurs anciens, tous ces terrains étaient autrefois couverts de forêts. Il n'en reste plus rien. Les descendants dégénérés des Hellènes ont tout saccagé. Néanmoins, sous le beau soleil d'Orient, les contours de ce chaos volcanique ne sont pas dépourvus de charme.

La Morée (feuille de mûrier) n'est qu'une succession ininterrompue d'anses et de golfes. Quand nous approchons du cap Malée, la sirène du bateau fait entendre trois longs appels. « C'est pour faire sortir l'ermite », nous disent les hommes de l'équipage. De fait, à l'extrême pointe du cap, un petit ermitage de pierre blanche, maisonnette et petite chapelle à coupole, se détache sur le rocher. L'ermite ne daigne pas se montrer. Il y a quelques années, un vapeur anglais et un hollandais, venant en sens contraire, et également désireux de saluer l'ermite, prirent le tournant sans se voir, entrèrent l'un dans l'autre et se perdirent corps et biens. C'est du moins ce que racontent les marins.

Nous remontons maintenant vers le Nord, traversons les parages où tant de torpillages eurent lieu pendant la guerre. Les sous-marins allemands trouvaient en effet de sûrs abris dans les criques de Péloponèse où la population les ravitaillait ouvertement et en plein jour.

Tous nos souvenirs classiques surgissent de notre mémoire en voyant défiler sous nos yeux le paysage où les grandes tragédies de l'antiquité se déroulèrent.

— Les poètes et les historiens de l'Hellade se sont moqués de nous, fait observer un de mes compagnons de voyage. La guerre de Troie ne fut nullement provoquée par l'enlèvement d'Hélène. La cause en fut beaucoup plus prosaïque. Les marins grecs ne pouvaient s'approvisionner

d'eau qu'à Troie. Or les Troyens en profitaient
pour les rançonner outrageusement. Voilà pourquoi l'expédition d'Agamemnon et d'Achille fut
décidée.

Encore une illusion qui s'en va. Tâchons de
garder les autres. Après le golfe de Nauplie,
voici l'île d'Egine, qui barre l'entrée du golfe
de Salamine. Le général Grammat, attaché à la
mission française à Athènes, nous explique comment se déroula la célèbre bataille navale. Toute
la population d'Athènes s'était retirée à Salamine, où la flotte hellénique, beaucoup plus
faible que celle des Perses, s'était réfugiée.
Xerxès, du haut d'un rocher du rivage (que ces
événements eurent un petit théâtre !), comman-
dait la manœuvre de ses vaisseaux. Il avait fait
débarquer plus de 2.000 de ses meilleurs soldats
sur l'îlot qui barre l'entrée du goulet, afin de
pouvoir faire massacrer les Grecs, qui essaye-
raient de se sauver à la nage. Contrairement à
l'attente générale, la flotte grecque remporta la
victoire. Les vaisseaux perses furent coulés, les
soldats pris et passés au fil de l'épée. Xerxès, qui
n'avait pas pu rejoindre les derniers de ses vaisseaux, se sauva par la voie de terre.

Combien ce récit emprunte de tragique actua-
lité par son contraste avec les événements d'aujourd'hui. Nous croisons en effet plusieurs

vapeurs surchargés de soldats et de réfugiés venant de Smyrne. Tous les quais du Pirée sont encombrés de ces malheureux.

En entrant dans le port du Pirée, le *Pierre-Loti* arbore le pavillon de la Ligue maritime et coloniale. M. Rondet-Saint a emporté toute une provision de drapeaux de la société qu'il dirige et il compte les semer en route. En attendant, il nous distribue les jolis emblèmes émaillés de la Ligue et, pendant tout notre voyage, nous les porterons comme signes de ralliement.

A trois heures nous descendons à terre. Des automobiles attendent les membres de la mission. Par la voie de la Corniche, qui serait merveilleuse, si une invraisemblable poussière ne nous aveuglait pas, nous arrivons au pied de l'Acropole. Je ne m'attarderai pas à décrire ces ruines historiques. Le spectacle dépasse l'attente par sa grandiose majesté. Du haut des murs cyclopéens de l'enceinte nous dominons l'incomparable paysage tout en nous promenant au milieu des ruines où sont fixés dans le marbre tous les souvenirs de l'antiquité classique. Athènes, l'Athènes de Periclès et de Phidias, est et restera une prodigieuse école de beauté, comme celle de Socrate, de Platon, d'Aristote est et restera l'éducatrice de l'esprit humain. De chaque pierre de cette immense nécropole surgissent les ombres de ceux dont nous avons, dès nos jeunes années, appris à admirer le génie créateur.

Rapidement nous visitons encore le théâtre de Dionysos et le temple de Jupiter et nous revenons à notre bateau, où le ministre de France préside le dîner.

VII

AU PAYS DE CONSTANTIN

Retour des troupes grecques. — La presse francophobe.
Eleusis. — Le Musée.

A bord du *Pierre-Loti*, mardi 19 septembre.

Nous sommes dans un pays en état de guerre.
La Grèce, éloignée du théâtre des hostilités,
semble cependant tout à fait indifférente aux
événements.

L'excitation des passants est toute verbale.
Beaucoup de cris ; beaucoup de gestes ; mais pas
d'émotion intense. Les réfugiés eux-mêmes rient
et chantent, quand ils ne se drapent pas dans la
plus étonnante insouciance. Ces gens, qui ont
encore les yeux pleins de scènes d'épouvante, ne
semblent avoir qu'une pensée : celle de la sécurité reconquise. Leurs récits sont d'ailleurs pleins
de ces exagérations méridionales, qui nous dé-

concertent toujours. On nous avait affirmé hier qu'ils étaient déjà au nombre de 200.000. Les chiffres rectifiés sont plus modestes. Tout au plus 20.000 de ces malheureux résignés sont arrivés à Athènes, la plupart transportés par des bateaux français. Or, malgré les services rendus, ces gens, qu'on plaint malgré tout, racontent que les Français ont participé aux massacres de Smyrne et ont aidé les Turcs à incendier la ville. Ils sont coutumiers du fait. N'avaient-ils pas antérieurement prétendu que les troupes kémalistes étaient commandées par des officiers français ? Ils étaient même allés jusqu'à donner des noms qui, heureusement, ne se trouvaient pas dans l'annuaire de l'armée. Aucun démenti ne décourage leur esprit inventif.

Le Ciel me préserve de prendre la défense des massacreurs d'Arméniens. Mais il est certain que, si les Grecs n'avaient pas, en battant en retraite, commis tant d'atrocités inutiles, incendié tant de villages, mis à mort tant de Turcs inoffensifs, les soldats de Mustapha Kémal auraient traité les populations chrétiennes avec plus de ménagements. Il faut d'ailleurs ajouter, à la décharge des soldats grecs, que, depuis huit mois, ils n'avaient plus touché de solde et que certains de leurs officiers, avant de les abandonner à eux-mêmes, leur avaient donné l'exemple du pillage.

Les Athéniens se méfient des soldats qui reviennent d'Orient. Nous avons vu entrer dans le port du Pirée plusieurs transports, chargés à en couler, de troupes en costume kaki. Les hommes étaient désarmés au moment du débarquement et abandonnés à eux-mêmes. Quel que soit le fatalisme oriental de la race, c'est là de la graine de bolchévisme. Le roi s'est retiré à Tatoï. Sa garde de 1.000 Epirotes suffira, pense-t-il, à le préserver contre toute surprise.

Pour donner une idée de l'état d'esprit des partisans de Constantin, je citerai quelques feuilles gouvernementales. De la *Stemma* : « A Smyrne, dans les quartiers que le feu n'avait pas encore atteints et où il n'avait pas accompli son œuvre dévastatrice, des soldats turcs et français se livraient au pillage et à l'enlèvement des jolies femmes. Un notable, qui vient d'arriver, raconte que la conduite des Français ne peut se comparer qu'à celle des Turcs. Tous les Grecs, qui se jetaient à la mer et qui parvenaient à se sauver en montant sur des chalands, étaient fusillés par les nobles Français. Ceux qui essayaient de monter à bord des navires français vides subissaient le même sort... Les malheureux chrétiens cherchaient protection sur les navires ; mais on les chassait et, sous les yeux des Français inflexibles, ils étaient massacrés et déshonorés. On entendait sur les navires français des chants joyeux et de la musique. »

Du *Telegraphos* : « Que la France soit convaincue que nous regrettons sincèrement de n'avoir tué que cinquante-quatre de ses marins et de n'en avoir pas pu abattre des milliers d'autres, parce que nous avons versé le sang très pur de nos soldats en même temps que le sang impur des siens. Oui, nous le regrettons. Il se présentera une nouvelle occasion et nous souhaitons qu'elle soit proche, où la France implorera notre secours ! ! Mais elle se rendra compte alors de ce que signifie le mépris et la haine des Grecs. C'est ce que pense déjà le peuple hellénique, maintenant que les Alliés s'efforcent de résoudre la question d'Orient. Et il en pense autant de l'Angleterre pour laquelle, s'il ne nourrit pas un pareil mépris, il ne peut cependant cacher son amertume d'avoir été obligé par elle de supporter tant de sacrifices pour que des jours heureux et paisibles s'écoulent aux Chequers. »

Cette dernière phrase est très caractéristique. Lorsqu'il y a six semaines, Lloyd George fit au parlement anglais l'éloge de l'armée grecque et poussa celle-ci à reprendre l'offensive, des manifestations bruyantes furent organisées à Athènes, où des portraits de l'homme d'Etat anglais furent portés dans les rues aux acclamations frénétiques de la foule. Les temps sont changés. Il suffit, pour s'en convaincre, de voir jusqu'où les bons Anglais ont laissé tomber le change de la drachme (aujourd'hui 375 drachmes pour 100 francs).

Voilà quelques échantillons de ce qu'écrivent

les journaux de Constantin-le-Victorieux. Dans les rues, les cafés, les tramways, des agents cyclistes donnent des détails plus circonstanciés sur les atrocités françaises. Il y a là un mot d'ordre, qui est admirablement suivi.

De très nombreux Allemands se trouvent en ce moment à Athènes. Suivant leur habitude ils parlent très haut et étalent largement leurs encombrantes personnes. J'en ai entendu hacher de la paille dans les brasseries. Ils disent beaucoup de mal des Français et des Anglais et placent leur camelote. On ne voit que marchandises allemandes dans les magasins. Constantin et Sophie ont ainsi dû doubler leur garde d'honneur.

Ce matin nous avons visité le temple d'Eleusis et le musée national. A trois heures de l'après-midi, le *Pierre-Loti* lève l'ancre, mettant le cap sur Smyrne où nous arriverons demain matin à sept heures.

VIII

L'INCENDIE DE SMYRNE

Lever de soleil. — La rade de Smyrne. — A travers les rues de la ville incendiée. — Les auteurs responsables de la catastrophe. — Contradictions. — Nos réfugiés.

A bord du *Pierre-Loti*, mercredi 20 septembre.

Les eaux de la rade du Pirée sont souillées par une multitude invraisemblable de méduses. Ces ombelles gélatineuses, qui tiennent autant de la plante que de l'animal, sont d'un jaune pâle. On nous dit que leur contact visqueux provoque des éruptions sur la peau des baigneurs. Nous les rencontrons jusqu'à plusieurs milles au large.

En quittant le port, hier, à deux heures de l'après-midi, le capitaine nous avait dit : « On dansera dans le canal d'Oro. » Sa prédiction ne s'est pas réalisée. La mer est très calme sous un ciel immuablement bleu. En doublant le cap de

Sunium, nous admirons les quinze colonnes de l'antique temple de Minerve. Il fait nuit quand nous entrons dans le canal d'Oro, qui sépare l'Eubée de l'île d'Andros.

Ce matin, dès cinq heures, je grimpe sur le pont, qui est encore désert. Dans un ciel d'une extraordinaire limpidité, les étoiles et les planètes se détachent avec une telle netteté que les plans sur lesquels elles s'étagent dans l'espace infini s'accusent nettement. Ce n'est pas, comme dans notre firmament toujours brumeux, une voûte uniforme où des clous d'or de grandeurs différentes ont été fixés par le Créateur. C'est au contraire un gouffre noir et profond que des mondes lumineux animent à des distances variables, dont l'œil le moins exercé peut estimer les fantastiques superpositions. Comme on comprend, en contemplant ce prodigieux spectacle, que l'astronomie soit née dans ces pays orientaux, où les pâtres passaient une partie de leurs nuits à étudier les évolutions rythmiques des astres.

Brusquement, à l'horizon, une raie d'un rouge éclatant dessine les arêtes noires d'une chaîne de montagnes. Le croissant de la lune surmonte cette bande sanglante. La vision symbolique ne dure que quelques instants. Déjà l'horizon s'irradie des plus vives couleurs. Comme des flèches, les rayons du soleil, encore caché derrière les murailles rocheuses, traversent le firmament et éteignent les feux des étoiles. Et j'ai de nouveau l'impression que les poètes de l'antiquité n'avaient pas fait œuvre d'imagination, mais s'étaient contentés de traduire ce qu'ils voyaient quand ils mettaient un arc dans les mains d'Apollon et un carquois sur ses épaules.

C'est à pleines poignées maintenant que l'aurore jette des pierreries, rubis, émeraudes et améthystes, dans les champs infinis du ciel. Je regrette que le passage de la nuit au jour soit de si courte durée. Mes yeux extasiés ne peuvent pas suivre les changements à vue de l'incomparable féerie. Une deuxième coulée de métal en fusion et le soleil apparaît déjà triomphant au-dessus de l'horizon.

Dès que la toilette du navire est terminée, les passagers affluent sur le pont. Nous approchons de Smyrne, dont la rade est justement renommée par son étendue et le pittoresque de ses contours. Nous longeons d'abord la côte sud avec ses montagnes boisées, au pied desquelles des villages riants sont blottis. Au loin, du côté nord, de singuliers tumuli blancs surgissent de la mer. Ce sont les monticules de sel de Karadja-Fokia. Devant nous, sur un promontoire sablonneux, la vieille forteresse turque de Sandjak-Kaléh. Un coup de barre à droite et nous voilà dans la rade spacieuse où sont ancrés des vaisseaux de guerre. La France est représentée par deux cuirassés, le *Jean-Bart* et l'*Edgard-Quinet*, les contre-torpilleurs *Somali* et *Hova*, la canonnière *Dédaigneuse* et le transport *Tourville*. Le pavillon italien flotte également sur la mer. Impossible d'y découvrir les couleurs de l'Angleterre. On nous dira, tout à l'heure, qu'après avoir embarqué leurs nationaux et leurs protégés, les Anglais qui, pourtant, avaient quelque raison de ne pas abandonner les Grecs dans leur malheur, ont plié bagages et sont partis sans pensée de retour.

Ce qui fut Smyrne, la ville la plus riche de l'Asie Mineure, est là, sous nos yeux. Sur les quais en demi-cercle, des murs calcinés marquent l'emplacement des riches villas et des énormes entrepôts. Le vaste amphithéâtre, jusqu'au pied du mont Pagus, ne montre plus qu'un fouillis de ruines lamentables, d'où s'élèvent encore quelques nuages de fumée. C'est le royaume de la désolation. Il y a dix jours à peine l'industrieuse cité était l'orgueil de ses 300.000 habitants. Elle ne dresse plus aujourd'hui vers le ciel que les moignons tordus et noircis de sa carcasse éventrée.

On nous avait affirmé à Athènes que 200.000 cadavres flottaient sur les eaux du port de Smyrne. Nous n'en voyons aucun et ce nous est une première surprise. Nous descendons à terre.

MUSTAPHA-KÉMAL

Le spectacle, qui nous y attend, est effroyable. Des milliers de réfugiés sont entassés par groupes compacts sur les quais et dans ce qui reste des rues avoisinantes. L'amiral Dumesnil nous sert de guide. Il nous raconte les événements tragiques de la nuit du 12 au 13 septembre. 200 réguliers turcs étaient entrés, la veille, dans la ville encombrée de fuyards. Ils n'avaient commis aucun acte de violence, bien que le chef du détachement eût eu un cheval tué sous lui. Vers onze heures du soir le feu avait éclaté dans plusieurs quartiers éloignés les uns des autres. Du fait que les quartiers européens, grecs et arméniens furent seuls dévastés par l'incendie, on avait conclu, un peu précipitamment, que les Turcs étaient responsables de l'épouvantable sinistre.

Voici cependant ce qui s'était passé. Dès la première alerte, l'amiral Dumesnil avait fait mettre à la mer toutes les embarcations de ses navires. Quand les matelots français voulurent participer aux travaux d'extinction, ils furent accueillis par des coups de fusil qui partaient des bâtiments dans lesquels Grecs et Arméniens s'étaient retranchés. Ils se bornèrent, dès lors, à évacuer sur les deux cuirassés et sur le transport les réfugiés qui encombraient les quais, au nombre de près de 80.000. Le sauvetage était difficile. Tous ces malheureux se ruaient littéralement sur les embarcations et menaçaient de les faire chavirer. Il fallut se défendre contre ce dan-

gereux envahissement. Les matelots le firent avec
tact et mesure. Néanmoins, sous la poussée des
derniers rangs de la foule, quelques réfugiés tom-
bèrent dans la mer et ne purent pas être repêchés.
Des scènes déchirantes se déroulaient au bord de
l'eau. Des mères affolées jetaient leurs enfants à
la volée dans les canots. D'autres femmes sup-
pliaient à genoux les sauveteurs de les emmener.
Toute la nuit les embarcations firent la navette
entre les quais et les vaisseaux de la flotte, dont
les ponts et les entreponts furent bientôt remplis
de sinistrés.

Italiens et Américains rivalisaient de zèle avec
les Français. Pendant ce temps, on entendait cré-
piter une fusillade intermittente dans la ville incendiée. Des Arméniens et des Grecs, redoutant
un massacre général, s'étaient barricadés dans
leurs églises et dans leurs écoles et, de ces forteresses improvisées, ils dirigeaient un feu nourri
sur les soldats turcs qui cherchaient à rétablir
l'ordre. Après enquête, l'amiral Dumesnil
estima que, dans ces escarmouches, il y eut environ 500 victimes. Un nombre à peu près égal
de fuyards se noya dans les eaux du port. Nous
sommes loin des 40.000 chrétiens qui devaient,
d'après les dires des Grecs d'Athènes, avoir été
massacrés pendant la nuit tragique. L'attitude
des troupes régulières turques fut, nous dit-on,
irréprochable.

De fait nous n'avons trouvé, dans les ruines
fumantes de la ville, que deux cadavres carbo-

nisés d'enfants et pourtant les travaux de déblaiement n'avaient pas encore été poussés. Des témoignages des équipages et des réfugiés européens, il ressort que, si des irréguliers turcs prirent une part active au pillage, les Grecs furent les auteurs principaux de l'incendie. Une religieuse me raconte que, pendant la retraite des troupes de Constantin, les fillettes grecques de son école lui disaient : « Si les Turcs arrivent jusqu'ici, ils ne trouveront plus qu'un monceau de décombres. »

Dans leur turcophobie, les Anglais, les Américains et quelques Français ont trop facilement accepté la thèse des gens d'Athènes.

Comme il est difficile d'écrire l'histoire ! Nous vivons, depuis ce matin, au milieu des témoins oculaires de la catastrophe. Or, leurs récits sont loin d'être concordants. Des Arméniens prétendent avoir « vu » des soldats turcs arrosant les maisons de pétrole. D'autres racontent qu'ils n'ont pu se soustraire au massacre que par une fuite éperdue. Nos religieux et nos sœurs, au contraire, parlent des tragiques événements avec plus de calme et de retenue et se gardent de porter aucune accusation contre les soldats de Mustapha Kémal.

Nous visitons l'hôpital français. Deux pavillons et la chapelle ont été complètement détruits. Une aile de bâtiment a miraculeusement été épargnée et, après une réparation hâtive, reçoit déjà des malades et des blessés. La cathédrale catholique a également été sauvée du désastre. L'incendie a ravagé environ 250 hectares de la ville.

Une religieuse de Saint-Vincent-de-Paul me fait, en pleurant, le récit suivant : « Pendant que les flammes dévoraient les rues voisines, des femmes grecques jetaient leurs enfants par-dessus les murs du couvent. Une malheureuse, complètement folle de terreur, me confia, qu'enfermée dans une cave, avec ses six marmots, elle les avait étranglés, l'un après l'autre, de ses propres mains, dans la crainte que leurs cris n'attirassent les massacreurs turcs ! »

Combien de ces drames navrants n'ont-ils pas dû se dérouler à la lueur sinistre de l'immense brasier ! et comme on comprend que l'imagination de leurs victimes en ait encore multiplié l'horreur !

Un fait nous a frappés pendant que nous parcourions péniblement les ruines de Smyrne : tous les hommes portaient le fez. N'y avait-il donc plus que des musulmans dans la ville sinistrée ? On nous expliqua le phénomène. Dès le lendemain de l'entrée des Turcs, des marchands avisés (en Orient la mercante ne perd jamais ses droits) avaient parcouru les rues en vendant à tous les réfugiés chrétiens la coiffure nationale des vainqueurs. Cette petite apostasie vestimentaire nous a fait sourire.

Le soir, l'amiral Dumesnil et son état-major ont été, au dîner, les hôtes des Messageries maritimes.

Pendant l'après-midi, les canots du *Pierre-Loti* et les vedettes de la flotte étaient allés prendre à terre les 300 réfugiés que nous transporterons à Constantinople. Ce sont des Frères et des Sœurs d'écoles avec leurs orphelins et des Arméniens, protégés français. Les poupons et les malades sont installés dans l'entrepont. Les autres campent sur la plage avant du bateau.

Nous nous entretenons longuement avec ces malheureux, dont la résignation est aussi touchante que le récit de leurs angoisses passées. Ils ne semblent plus éprouver que la satisfaction de la sécurité retrouvée après tant de terreurs subies.

Parmi eux, un jeune Arménien de quatorze ans, qui avait cherché un asile chez les Frères pendant l'incendie, a perdu son père, noyé dans les eaux du port en voulant sauter dans une chaloupe qui démarrait. Il ignore ce que sont devenues sa mère et ses sœurs. D'autres histoires tout aussi lamentables nous sont contées.

Les religieux voudraient bien rester à Smyrne. Ils y retourneront bientôt. L'amiral leur a en effet promis de mettre un ponton à leur disposition pour qu'ils puissent rouvrir leurs écoles en attendant que leurs maisons soient reconstruites.

IX

LA CITÉ DES KHALIFES

Dans les Dardanelles. — Constantinople.

Constantinople, jeudi 21 septembre.

Quand je me réveille, les machines du *Pierre-Loti* sont silencieuses. Je m'habille en hâte. Du pont j'aperçois les deux rives des Dardanelles, presque plates à l'Ouest, accidentées à l'Orient. L'eau est calme, la lumière du matin fluide. Nous sommes en face de Sédull-Barr. C'est là, au sud de la presqu'île de Gallipoli, que les troupes franco-anglaises débarquèrent en mars 1915, là que le général Gouraud fut grièvement blessé le 21 juin suivant. Expédition malheureuse, voulue par l'état-major anglais, et à laquelle il fallut renoncer.

Les Dardanelles ont une longueur de 54 et une

largeur de 8 à 24 kilomètres. En ce moment la navigation de nuit y est interdite.

Deux croiseurs anglais, tout blancs, sont ancrés à quelques encâblures. Notre bateau échange des signaux optiques avec un petit navire de guerre italien, qui est de garde aujourd'hui. On nous apprend, une heure plus tard, que nos signaux n'ont pas été compris. Il a fallu qu'une embarcation du *Pierre-Loti* s'en fût accoster le gardien des Dardanelles pour obtenir la libre pratique.

Nous repartons enfin. Le panorama, qui se déroule sous nos yeux, est enchanteur. Après chaque coude, le canal présente des aspects nouveaux. Nous voyons les puissantes fortifications de Tchanak, où seules, flottent les couleurs anglaises. Nous croisons de nombreux vapeurs de toutes les nationalités. Il en est où bat le pavillon grec ; car, en cet étrange pays, les bateaux ennemis semblent jouir des mêmes libertés que les autres.

Puis, brusquement, les Dardanelles s'élargissent et nous voilà dans la mer de Marmara, les côtes de l'Europe et de l'Asie s'écartent et s'estompent. Bientôt nous les perdons de vue. Vers trois heures un officier nous signale une ligne blanche à l'horizon : « Constantinople ! » nous dit-il. La ville surgit progressivement de l'eau. Ce n'est qu'en en approchant que nous sommes saisis par la puissance et l'incomparable harmonie de ses lignes. Coupoles et minarets de Stamboul, palais et villas de Galata, de Péra et

de la côte asiatique, forêt de mâts de la Corne-
d'Or, il y a là une débauche d'architectures com-
posites, une variété de couleurs, une accumula-
tion de beautés qui étourdit. Toutes les descrip-
tions enthousiastes de Loti et de Claude Farrère
nous reviennent à la mémoire. Toute l'histoire
de Byzance se déroule aussi devant notre esprit.
L'orgueilleuse concurrente de Rome est sous nos
yeux, asservie et transformée par les Khalifes.
Les jardins renommés du Sérail s'étagent, mystérieux, au-dessous du dôme majestueux de Sainte-
Sophie. Et nous restons à rêver longuement sur
le pont, tandis qu'ont lieu les longues manœu-
vres de l'accostage.

Une foule énorme a envahi les quais. Du haut
du pont nos réfugiés arméniens s'entretiennent
en criant avec les parents et les amis venus pour
les attendre. Quelques gendarmes turcs sont là,
souriants et paternes, qui résistent à la poussée
des derniers rangs et qui empêchent les impa-
tients de monter à l'assaut du paquebot. Survient
un jeune gendarme anglais, la badine à la main.
Sans qu'il fasse un geste, la foule, dès qu'elle
l'aperçoit, recule et fait le vide pour le laisser
passer. Symbole vivant du régime terroriste que
nos bons amis ont instauré à Constantinople.

Nous dînons rapidement. On nous a donné la
permission de minuit ; car le *Pierre-Loti* va faire

son plein de charbon et, pendant cette opération,
le navire est inhabitable. Je me promène pendant
deux heures dans les quartiers avoisinant la
Corne-d'Or. Les rues sont bien éclairées et ani-
mées à souhait, les innombrables cafés, remplis
d'une clientèle bruyante. C'est Cosmopolis avec
toutes ses tares, qui insolemment s'étalent.

A dix heures je rejoins ma cabine et, malgré
la poussière de charbon qui flotte dans l'air, je
m'endors pesamment.

X

NOS ÉCOLES D'ORIENT

A Kadi-Keuï. — La méthode directe. — Races et religions. — Au bazar. — Affolement de la population. — La colonie française.

Constantinople, vendredi 22 septembre.

Ce matin, les vedettes du Haut-Commissariat et de la Chambre de Commerce française viennent nous prendre à la Corne-d'Or. Nous traversons le Bosphore. Un débarcadère, un long escalier grimpant entre les murs des villas. Nous voilà à Kadi-Keuï, dans la cour du grand Collège des Frères de la Doctrine chrétienne, qui occupe le sommet de la colline. Panorama splendide. Stamboul et Péra sur la droite, les montagnes d'Anatolie à gauche et, en face, les flots argentés de la Marmara. Autour de nous une végétation luxuriante. Fanfare de bleu, de vert, de rose et de blanc sous l'éclat aveuglant du soleil oriental.

Devant le bâtiment principal, les neuf cents élèves du collège se sont groupés dans une cour spacieuse. La fanfare nous salue d'une *Marseillaise*, exécutée avec un art parfait. Les applaudissements crépitent. Du haut du perron, où nous prenons place, nous dominons le groupe des enfants endimanchés, vrai champ de coquelicots, car tous les petits musulmans portent le fez.

Un grand s'avance. Il lit un discours de bienvenue en un français très pur. Les images y abondent, comme de juste, en ce pays, où la philosophie elle-même se pare des grâces de la plus subtile poésie. M. Lenail répond. Avec quelle attention soutenue les petits Orientaux l'écoutent et comme ils battent des mains avec frénésie quand l'orateur leur parle de la France ! Les acclamations deviennent du délire quand mon collègue annonce que le Supérieur accorde un jour de congé en l'honneur de la mission.

Nous visitons les laboratoires et la bibliothèque de l'école. Puis, par petits groupes (car il faut nous montrer partout pour satisfaire ce petit monde), nous nous rendons dans les classes et interrogeons les élèves.

Chez les commençants un vieux Frère est en train d'enseigner les premiers éléments de la langue française à une trentaine de gamins de sept à huit ans d'après les règles de la méthode directe. Il dispose de tout un arsenal d'objets

coloriés, maisons, bateaux, machines, fruits, animaux, le tout démontable. Deux grandes
armoires renferment cette ferblanterie pittoresque. On dirait l'étalage d'un marchand de
jouets.

Au moment où nous entrons, le bon Frère tient
dans ses mains une poire rutilante. Les enfants
répètent en chœur, tandis que du doigt il leur
désigne une partie du fruit : « Le pépin, la
chair, la tige, la pelure. » On voit qu'ils prennent le plus grand intérêt à cet exercice amu-
sant. En quelques mois ils acquièrent ainsi un
vocabulaire suffisant pour pouvoir comprendre
le maître, quand, avec lui, ils abordent les ma-
tières plus abstraites du programme scolaire.

Le Frère visiteur, un Alsacien de Benfeld,
s. v. p., nous accompagne. Il nous fait remarquer qu'ici la nationalité et la confession religieuse se confondent et, pour nous le prouver,
il pose aux élèves d'une classe moyenne, à tour
de rôle, la question suivante :

— Quelle est ta nationalité ?

Les enfants répondent : « Grégorien, orthodoxe, maronite, latin, musulman. » Cela veut
dire : « Arménien, Grec, Libanais, Français ou
Italien, Turc. »

Tous ces petits font d'ailleurs entre eux excellent ménage. Les Frères s'abstiennent rigoureu-

sement de tout prosélytisme. Ils se bornent à inspirer à tous leurs élèves le culte de la France et l'amour de sa civilisation.

Après deux ou trois ans de fréquentation scolaire, les petits Orientaux parlent le français avec la plus grande aisance. Il faut reconnaître qu'ils ont une aptitude extraordinaire pour l'étude des langues étrangères. Il n'est pas rare de rencontrer ici des enfants de quatorze à quinze ans qui en possèdent plusieurs et qui passent de l'une à l'autre sans effort apparent.

Les Frères de Kadi-Keuï viennent d'installer dans leur superbe établissement une école supérieure de commerce. Ils préparent déjà leurs élèves au baccalauréat moderne et obtiennent chaque année de grands succès aux examens.

Le Frère visiteur nous raconte les difficultés qu'il a rencontrées après la guerre pour remettre en état la spacieuse et luxueuse maison. Il nous dit aussi les inquiétudes que lui inspire le recrutement de ses religieux. Si les sujets d'élite étaient plus nombreux, le chiffre des élèves doublerait et triplerait en peu de temps.

Il y a en ce moment à Constantinople 150 Frères des écoles chrétiennes et environ 200 autres religieux qui tiennent des écoles françaises, fréquentées par plus de 20.000 jeunes Levantins.

De notre excursion à Kadi-Keuï nous revenons tous enthousiasmés de l'œuvre nationale qu'ont su entreprendre les bons Français, qui nous ont si aimablement reçus.

Nous remontons dans nos chaloupes pour nous rendre à la mosquée du sultan Eyoub, au fond de la Corne-d'Or. Superbe édifice, précédé d'un grand portique et entouré d'un de ces cimetières musulmans où, sous les stèles, irrégulièrement réparties dans de vastes jardins, il doit faire si bon dormir son dernier sommeil.

Pendant que nous nous arrêtons sous la voûte, les musulmans font leurs prières sans se soucier de notre présence. Sous le portique d'autres fidèles, femmes et enfants, prient également devant le tombeau du sultan. Je constate dans leurs gestes sans apprêts une telle ferveur que je sors de là profondément impressionné. Il y a vraiment de la folie à ne pas tenir compte dans la plus large mesure de la foi ardente des musulmans. La grande erreur de Lloyd George fut de négliger ce facteur important entre tous de la politique internationale.

Cet après-midi la plupart de nos compagnons de voyage sont remontés dans les vedettes à vapeur pour parcourir le Bosphore jusqu'à la mer Noire, où le général Pellé les attendait dans sa villa de Térapia. J'étais trop fatigué pour faire cette nouvelle promenade. J'ai préféré muser dans le grand bazar de Stamboul et dans les quartiers de Péra.

Le bazar est une énorme construction, surmontée d'un grand nombre de coupoles et dont les allées voûtées, se coupant à angles droits, abritent d'innombrables boutiques et éventaires. Toutes les richesses de l'Orient et de l'Occident y sont accumulées. Les merveilleux tapis de Smyrne et de Perse y voisinent avec la pacotille allemande, les vases émaillés de Téhéran avec les toiles de Manchester, les cuivres ajourés de Syrie avec la vaisselle de Sarreguemines, les friandises turques avec les berlingots de France. Les commerces sont groupés par quartiers : alimentation, chaussures, habits, bijoux, ameublements, tentures.

Les civilisations se mêlent là en d'étranges promiscuités. J'ai vu, par exemple, un brodeur turc écrivant, en soie multicolore, des versets du Coran sur de la toile anglaise à l'aide d'une machine Singer.

Les centaines de boutiquiers, installés au bazar, parlent presque tous français. Je commets l'imprudence de m'arrêter devant un magasin de bibelots orientaux. Un jeune vendeur m'offre un collier en ambre : « C'est pour rien, me dit-il, 15 livres turques. » Je m'en vais, il me prend en filature. Pendant plus d'une heure, je l'entends me vanter sa marchandise. Je n'arrive plus à m'en débarrasser. Il devient de plus en plus pressant et finit par me dire :

— Nous avons demain une grande fête. Il me faut absolument de l'argent. Or, *je suis fauché.*

Cette expression faubourienne m'amuse tellement et je suis si excédé de l'insistance du marchand que je lui offre pour son collier le quart de ce qu'il me demandait. Il accepte et je retrouve enfin ma liberté.

L'inquiétude règne au bazar. Un vieux commerçant m'entraîne dans une arrière-boutique très vaste, où se trouvent les marchandises les plus précieuses : tapis, soieries, bijoux, faïences.

— Nous vendons à n'importe quel prix, me dit-il. Demain peut-être Constantinople sera pillée et incendiée Si vous restez ici deux ou trois jours, vous assisterez sans aucun doute à la destruction de Stamboul.

Cet état d'esprit est général. Depuis l'incendie de Smyrne, la panique règne sur les bords du Bosphore. Les Anglais ont, à en croire la rumeur publique, donné l'ordre à leurs compatriotes de quitter les rivages de la Marmara. On annonce encore que les Kémalistes avancent vers le Bosphore à marches forcées. Or, à Constantinople, il y a une population mêlée de 300.000 Grecs, 200.000 Arméniens, auxquels se sont joints, dans ces dernières années, plus de 100.000 Russes. Tous ces étrangers redoutent des massacres ou s'apprêtent au pillage. Les troupes alliées ne seraient pas assez nombreuses pour s'opposer à un soulèvement général. Si l'artillerie des vaisseaux de guerre intervenait, elle ne ferait qu'augmenter les ruines.

Voilà ce que m'explique, avec la philosophie fataliste des Orientaux, mon vieux commerçant, tout en faisant défiler sous mes yeux les plus belles pièces de ses réserves. Si nous étions à la fin de notre randonnée, je me laisserais peut-être tenter ; mais je ne veux pas, puisqu'il me reste encore tant de chemin à parcourir, alourdir mes bagages. Max Dollfus, lui, n'hésite pas. Il achète un superbe vase de Perse. Qu'en fera-t-il pendant le reste de notre voyage ?

Le soir, un grand dîner a été offert à la mission par la colonie française de Constantinople, dans son luxueux local de Galata. La réception est empreinte de la plus grande cordialité. Excellente cuisine, vins de choix, discours abondants. Le général Pellé préside. Je suis assis à côté de M. Steeg, président de la Chambre de Commerce et frère de l'ancien ministre de l'Intérieur. Les Français de Péra comme les Turcs de Stamboul sont inquiets. Si les Kémalistes triomphent, qu'adviendra-t-il des Capitulations ? Sans trop de regrets nos commerçants renonceraient à leurs privilèges fiscaux ; mais ils redoutent la justice turque dont, au moins jusqu'ici, la partialité ne pouvait être corrigée que par le bakchisch:

A onze heures les automobiles nous ramènent à notre bateau. Pas tous, car quelques-uns de nos compagnons de route vont passer le reste de leur soirée dans les grands restaurants de Péra où des dames de la plus haute aristocratie russe font le service, parées des bijoux qui seuls rappellent leur ancienne opulence.

XI

MINARETS ET MOSQUÉES

Les mosquées. — Sainte-Sophie. — Le Sérail. — La paix est
signée. — Thérapia.

A bord du *Pierre-Loti*, samedi 23 septembre.

Journée de tourisme. Les autos nous transportent à Stamboul, où, au pas de course, nous visitons les mosquées de Sullimanié et d'Ahmed.
Nous nous arrêtons plus longtemps à Sainte-
Sophie. Un rapide regard à Yéni-Batan, la
piscine souterraine dont les 1.000 colonnes produisent un si curieux effet à la lumière artificielle. Le musée retient également notre attention. Nous y admirons surtout le sarcophage
d'Alexandre, ce joyau incomparable de la sta-
tuaire grecque, découvert en un état de parfaite
conservation à Tyr, en Syrie. Les membres de la
mission qui n'ont pas encore vu le bazar, y font

une courte promenade. Enfin nous allons saluer les dames de l'OEuvre française de la Goutte de Lait, après avoir traversé les vastes jardins du Sérail.

On nous avait réveillés hier soir à minuit pour nous annoncer la grande nouvelle. La paix est signée. Les Turcs obtiennent tout ce qu'ils désiraient. Nous en sommes heureux, car nous avions pu constater sur place, et l'étendue de la défaite grecque et la puissance des organisations turques, et le peu d'efficacité des moyens de résistance des Anglais. Un coup de tête de ces derniers (ils étaient tout près de le commettre) aurait replongé l'Europe dans toutes les horreurs de la guerre.

Après le déjeuner offert par les Messageries maritimes au général Pellé et à la colonie française, il nous reste encore deux heures pour faire quelques emplettes en ville et, à cinq heures de l'après-midi, le *Pierre-Loti* reprend la mer.

XII

RETOUR A SMYRNE

Chez l'amiral Dumesnil. — Mustapha Kémal reçoit des membres de la mission.

A bord du *Pierre-Loti*, dimanche 24 septembre.

Nous sommes revenus à Smyrne, où nous allons prendre de nouveaux passagers pour Beyrouth. Ce sont des officiers, des soldats et une centaine d'Arméniens, qui s'installent, comme leurs devanciers, sur le pont avant du bateau.

A midi, nous sommes les hôtes de l'amiral Dumesnil sur l'*Edgar-Quinet*. Tout le pont du cuirassé est encombré d'évacués.

Le pavillon du vaisseau est en berne. Une vieille religieuse vient de mourir à bord. Par contre une jeune Smyrniote vient d'y mettre au monde un solide garçon. Celui-ci portera tout naturellement le nom d'Edgar : « *Qui naît en mer* », plaisante un jeune lieutenant.

Les marins sont aux petits soins pour les victimes de la catastrophe. J'en vois un qui doucement berce un poupon sur ses genoux. Parmi ces braves garçons je découvre des compatriotes. Il y a 80 Alsaciens sur les 800 hommes de l'équipage. Je m'entretiens avec quelques-uns d'entre eux, dans le dialecte de notre province.

Après le déjeuner, une vedette transporte M. Lenail à Cordelia, où Mustapha Kémal a établi son quartier général. L'entrevue dure une heure. Le dictateur turc est un Salonicien, fils d'un Turc et d'une Juive. Il a fréquenté l'école des Frères dans sa ville natale et parle couramment le français. A mon collègue il dit toute la gratitude qu'il garde à la France pour la bienveillance qu'elle lui a témoignée et il exprime le désir de convoquer le plus tôt possible à Smyrne ou à Constantinople le parlement d'Angora, l'assemblée des « gens qui n'ont pas vu la mer », c'est-à-dire qui ne savent pas qu'il existe, au delà de leurs montagnes abruptes, des pays dont il faut savoir gagner les sympathies par une politique prudente et avisée.

Quand arrivent les journalistes qui ont demandé, eux aussi, une audience, Mustapha Kémal prend immédiatement une attitude plus réservée. Il ne parle plus que le turc et recourt aux bons offices d'un interprète pour ensuite répondre posément et prudemment aux questionneurs indiscrets. Très aimablement il accepte d'être photographié avec ses visiteurs sur la terrasse de sa villa.

A six heures du soir nous quittons la rade de Smyrne, que la nature avait faite si radieuse et que les hommes viennent de transformer en un enfer.

XIII

LA GUERRE GRÉCO-TURQUE

Pourquoi les Grecs ont été battus. — Pillages et incendies.

A bord du *Pierre-Loti*, lundi 25 septembre.

Nous voyageons depuis Constantinople avec des officiers français qui ont assisté au désastre grec. Pour eux l'effondrement de l'armée de Constantin n'a pas été une surprise. Les soldats, mobilisés depuis plus de dix ans, demandaient, depuis des semaines et des mois, leur renvoi dans leurs foyers et ils insultaient leurs officiers. Pour renforcer leurs contingents, les autorités militaires helléniques avaient incorporé de force des Grecs et des Arméniens habitant l'Asie-Mineure. Or ces gens-là ne voulaient rien savoir du service militaire et redoutaient un retour offensif des Turcs, qui devait entraîner leur mort et leur ruine dans le cas où ils seraient pris les armes à la main. Ils cherchaient donc et trouvaient facilement l'occasion de déserter. Quant aux officiers grecs, ils ne pensaient qu'à s'amuser à l'arrière. Dans ces conditions, cette armée démoralisée devait se débander au premier choc, et c'est ce qui arriva.

D'un autre côté, les Turcs de Mustapha Kémal s'étaient puissamment organisés. Ils n'avaient que l'embarras du choix pour recruter parmi le million d'hommes, qui avaient fait la grande guerre, les 600.000 combattants qu'ils pouvaient armer effectivement. Le matériel de guerre ne leur faisait nullement défaut. Les Anglais n'avaient pas voulu qu'on désarmât l'armée turque après l'armistice. Ils comptaient sur elle pour nous créer des difficultés en Syrie et ailleurs. L'événement leur a donné tort. C'est contre eux que se tourne aujourd'hui la manœuvre qu'ils avaient dirigée contre nous. Toujours est-il que, grâce à elle, les troupes de Mustapha Kémal sont très bien armées. D'ailleurs les Grecs de Constantinople leur ont vendu en abondance fusils et munitions. Ils viennent enfin de s'emparer, presque sans coup férir, de tout l'armement de l'armée grecque.

On comprend dès lors la fureur des Anglais. L'accord d'Angora, en les privant de l'appoint de l'armée française de Cilicie, et la défaite grecque, qui leur enlève celui du soldat hellénique, les ont mis dans le plus cruel embarras.

SUR LE CHAMP DE BATAILLE DE KAHN-MEISSELOUM.

Leurs difficultés vont encore grandir. Les kémalistes ont fait passer des armes en Thrace, où les
bandes s'organisent. Ces bandes, renforcées de
soldats de l'armée turque, qui passent chaque
jour par Constantinople, formeront bientôt des
régiments auxquels même les canons ne man-
queront pas. Comment ce qui reste de l'armée
de Constantin pourra-t-il résister à ces hommes
qui sont grisés par la victoire ?

Si les troupes alliées se retirent de Constantinople, ce sera l'anarchie la plus complète. Si elles
y demeurent, elles auront grand'peine, dans leur
isolement, à maintenir un ordre précaire. Voilà
dans quel guêpier les ambitions anglaises nous
ont fourrés. Les coupables commencent à se
rendre compte de leur sottise. Cela les poussera-
t-il à faire un nouveau coup de tête ? C'est possible ; car Lloyd George, le fossoyeur de la grandeur anglaise, n'aime pas être pris en flagrant
délit d'imbécillité. Ce que cet homme sera
maudit, dans quelques années, par ses compatriotes, comme il l'est déjà par tous les autres
Européens !

Les Kémalistes ont l'intention de demander
aux Grecs une indemnité de réparations s'élevant
à un milliard de livres turques, soit 8 milliards
de francs-papier environ. C'est là une somme
modeste si on prend en considération les destruc-
tions systématiques auxquelles les Grecs se sont
livrés en Asie-Mineure pendant leur retraite.

Voici, à titre d'exemple, comment ces dignes élèves des Allemands ont procédé. Le rapport que j'analyse a été rédigé par un témoin très respectable, le R. P. Ludovic, supérieur de la maison Sainte-Croix, que le gouvernement de la République vient de nommer chevalier de la Légion d'honneur pour le récompenser des services éminents rendus à la cause française en Asie-Mineure.

Immédiatement après la grande guerre, le Père Ludovic était retourné à Eski-Cheir pour y rouvrir les deux écoles qu'il avait dû abandonner en 1915. 200 garçons et 150 filles en suivaient les cours. Le 19 juillet 1921, les autorités militaires turques faisaient venir le religieux, le priaient de constater, qu'en se retirant, leurs troupes respectaient toutes les propriétés privées et confiaient au Père l'administration de la ville à charge de la remettre au général grec Polimenka, ce qui fut fait.

Le 29 août, on apprit que l'offensive turque venait de se déclancher et que les Grecs avaient été battus à Kara-Hissar. Immédiatement, les occupants d'Eski-Cheir donnaient l'ordre à la population chrétienne de se replier vers la côte. L'exode dura trois jours. Les religieux firent de vains efforts pour retenir les chrétiens. Tout fut inutile. Le pillage commença. Les soldats grecs parcouraient la ville, défonçaient les devantures et emportaient tout ce qu'ils trouvaient.

Le 31 août, le feu prit dans trois immeubles du quartier de la gare. A midi, les soldats arrosèrent de pétrole des bûchers formés de tables et de caisses. Ce premier incendie fut cependant maîtrisé.

Les religieux trouvèrent devant leur porte un amoncellement de chiffons imbibés de benzine. La veille deux soldats grecs avaient dit, pensant ne pas être compris : « Il faudra mettre le feu à la maison des Français. » Vers sept heures du soir, un religieux vit deux soldats grecs enfoncer la porte d'une maison turque. C'est là que l'incendie reprit. Dès huit heures et demie, le marché brûlait. Pendant toute la nuit, les religieux virent le sinistre s'étendre. Le Père Ludovic se rendit à l'état-major. Il n'obtint que de vagues promesses. Rien ne fut entrepris pour combattre l'incendie, qui se propagea bientôt dans les quartiers les plus éloignés du premier foyer. Il était facile de se rendre compte que le feu avait été mis en plusieurs endroits à la fois.

Le 1ᵉʳ septembre, des soldats enfoncèrent la porte de la maison des Sœurs et dirent à celles-ci de se sauver au plus vite. Religieux et religieuses furent embarqués dans un train qui mit 22 heures à parcourir les 25 kilomètres qui séparent Eski-Cheir de Kara-Keuï. Les officiers vénizélistes ne cachaient pas l'horreur que leur inspirait la conduite de leurs camarades constantiniens. Du train on pouvait voir flamber les dernières maisons de la ville.

Voilà ce que les Grecs ont fait partout. Pour le simple plaisir de satisfaire leur basse vengeance, ils ont tout détruit, aussi bien ce qui appartenait aux chrétiens de la région, que ce qui était propriété des Turcs. Ils ont transformé sauvagement en un désert un pays d'une grande richesse. Ces prétendus civilisés ont été plus barbares que les hordes de Tamerlan. Ajoutez à cela le vol organisé, et les massacres et le tableau sera complet.

XV

ENFIN EN SYRIE

Tournée de conférences. — Au cercle français. — La Bourse de
Beyrouth. — Propos de table. — Alep. — Aïn-Sofar. — Organisation politique de la Syrie. — Ses ressources. — Les progrès
déjà réalisés. — Mines. — Tourisme. — En deux ans !

A bord du *Pierre-Loti*, mardi 26 septembre.

Nous longeons aujourd'hui les côtes de
Chypre. A quatre heures de l'après-midi, nous
nous arrêtons devant Locarna, où des marchandises sont embarquées. Quelques passagers intré-
pides descendent à terre. Ils en reviennent déçus.
La petite ville est sans intérêt et le panorama,
que nous contemplons du haut du pont, a plus
de charme. L'île d'Aphrodite est moins belle de
près que de loin.

Demain matin, nous arriverons enfin au but
de notre voyage, en Syrie.

ses portes faute de professeurs, le recrutement insuffisant des novices ne permettant plus à nos religieux de conserver tous leurs établissements d'Orient. Le pavillon italien flotte maintenant sur l'ancienne maison française. Encore un lambeau de notre influence qui s'en va.

XIV

CHEZ LES CHEVALIERS DE RHODES

A bord du *Pierre-Loti*, lundi 25 septembre.

Il est midi quand le paquebot jette l'ancre devant Rhodes. Les fortifications moyenâgeuses de l'ancienne résidence des chevaliers de Saint-Jean rappellent celles de Malte. Nous descendons à terre et, par un soleil de plomb, nous parcourons la rue des Chevaliers, visitons ce qui reste des « auberges » des Nations, de l'hôpital et du palais du Grand-Maître, ruines puissantes et majestueuses que le temps a, en partie, respectées. « Pompéi du moyen-âge », dit fort justement un de mes compagnons. Le maire de Rhodes et le gouverneur du Dodécanèse nous offrent le champagne au cercle militaire italien. Nous traversons encore le quartier israélite, où tous les commerçants parlent français. Hélas ! la prospère école des Frères de la Doctrine chrétienne a dû fermer

En Syrie ! Le pays fabuleux, berceau de la civilisation antique, terre du mysticisme et de la volupté, où au culte de Baal succéda celui d'Adonis et d'Astarté, où des ruines prodigieuses font revivre le polythéisme grec et latin, où les Hébreux adorèrent le Dieu unique, auquel ils furent si souvent infidèles, où le Christ et les apôtres annoncèrent la bonne nouvelle qui devait révolutionner le monde, où tous les schismes naquirent et trouvèrent des adhérents, où Mahomet promena son sanglant étendard, — la terre rouge et grasse qui attira tant de conquérants, où les Hétéens faisaient paître leurs troupeaux, où les Phéniciens construisaient les galères sur lesquelles ils transportaient les richesses de l'Asie à Athènes, à Rome, à Marseille, où successivement les Mèdes et les Perses, les Egyptiens et les Assyriens, les Musulmans et les Croisés établirent leur empire, où Cyrus, Sésostris, Alexandre, Titus, Guy de Lusignan, Haroun-al-Raschid, Bonaparte, pour ne citer que les plus illustres capitaines, laissèrent tant de traces de leur passage, — royaume arabe où les Abassides et les Ommiades créèrent une si brillante civilisation et firent fleurir cette étonnante littérature, dont le charme prenant s'est maintenu à travers tous les âges, — nécropole de toutes les splendeurs passées, dont il suffit de gratter le sol pour mettre à nu les splendides vestiges des siècles disparus !

Voilà la terre bénie que nous allons parcourir pendant quinze jours et qui, sans doute, nous réserve tant de surprises et tant d'enchantements !

Aïn-Sofar, mercredi 27 septembre.

Le rêve était trop beau. La réalité est plus terre à terre. Oh ! ce n'est pas que le paysage manque d'imposante grandeur. La chaîne du Liban, que nous découvrons aux premières heures du matin, avec ses pentes abruptes et les élégants villages qui se cachent dans ses vallons, forme un cadre merveilleux ; mais Beyrouth, avec ses toits pointus de tuiles rouges, a trop l'apparence d'une ville occidentale, pour que ce premier contact avec la Syrie ne comporte pas une légère désillusion. Ce n'est pas Cette ou Cannes que nous sommes venus chercher en Orient.

Le port est quelconque, avec ses courtes jetées et ses entrepôts vastes, mais en apparence minables. Les ouvriers qui s'y agitent portent presque tous le costume de nos débardeurs. Quelques fez (ici, on les appelle des tarbouchs), qui furent rouges autrefois, mettent seuls une note pittoresque dans ce grouillement de vêtements européens défraîchis et loqueteux.

Un canot accoste le *Pierre-Loti*. Des fonctionnaires viennent nous saluer de la part du général Gouraud, haut-commissaire de Syrie. Pendant qu'on procède au déchargement de nos bagages, M. Rouffie, directeur des finances du commissariat, nous réunit à l'arrière du bateau pour nous donner, d'ordre de son chef, une première conférence.

Après avoir fait nos adieux (combien émus et cordiaux) au capitaine Martino, nous visitons les entrepôts de la douane. Deuxième conférence de M. Rouffie. Puis nous nous rendons à l'hôpital de la quarantaine. Troisième conférence, cette fois du directeur du service de santé, le docteur Emily, ancien membre de la mission Marchand, qui a rang de général. Des automobiles nous transportent au Cercle des commerçants français de Beyrouth. Quatrième et cinquième conférences de l'ingénieur Soubret, de la Société d'entreprises et de M. Gilly, directeur commercial de l'Office du Levant.

C'est beaucoup d'éloquence pour une seule matinée. Je préfère résumer plus loin ces intéressantes parlotes, dont la succession trop rapide nous a littéralement ahuris.

Au Cercle, la réception a été d'ailleurs très brillante. De la terrasse, qui domine la mer, on découvre un splendide panorama. Du premier coup d'œil, la curieuse topographie du pays apparaît. Entre les montagnes majestueuses du Liban et la Méditerranée, il y a une bande de terre, large à peine de 25 à 30 kilomètres, dont les échancrures formaient les ports célèbres de l'antiquité (aujourd'hui presque abandonnés), d'Antioche, de Césarée, de Tripoli, de Tyr et de Sidon. Et c'est pourtant sur ces plaines étroites que les Phéniciens avaient accumulé tant de richesses.

Un incident se produit. Le discours de M. Soubret a été, paraît-il, trop optimiste. Un certain M. L..., coiffeur de sa profession, croit devoir protester avec véhémence. Il ne faut pas que les membres de la mission soient « chambrés » par les officiels. La colonie française veut avoir l'occasion de leur présenter ses doléances et la liste de celles-ci sera longue. Bien qu'elle soit puissante, la voix de l'orateur est couverte par le bruit des verres de vin du Liban qui s'entrechoquent. M. L... finit par se décourager et les dernières tirades de son violent discours se perdent dans une conversation particulière, à laquelle se prêtent les plus complaisants d'entre nous. La cordialité de la réception n'est nullement troublée par cet intermède.

À onze heures et demie, visite de la Bourse de Beyrouth, de l'Office des changeurs, serait-il plus juste de dire. Sur de longues tables en fer à cheval, nous voyons, ce que nous n'avons plus vu depuis des années, des monceaux de pièces d'or. Il y en a de toutes provenances, des livres turques, anglaises et égyptiennes, des louis et des marks. Ce ruissellement de métal précieux nous éblouit tellement que c'est d'une oreille distraite que nous écoutons les explications, j'allais encore écrire les conférences de M. Omar Daouk, président de la Chambre de commerce, et de M. Hanomoglou, président du Comité de la Bourse.

Ici un court exposé financier. Théoriquement, la seule monnaie officielle, ayant caractère libératoire, est la monnaie syrienne (1 piastre, 0,20, 5 piastres 1 fr., 25 piastres 5 fr., 50 piastres 10 fr., 1 livre 20 fr., et ainsi de suite jusqu'à 100 livres 2.000 fr.). Cette monnaie, émise à la demande du gouvernement français par la Banque de Syrie, société française (la Banque de France ne pouvant pas faire d'émissions à l'étranger), est à la parité du franc-papier français et en suit les fluctuations. Il en a été émis pour la somme de 180 millions. La Banque est autorisée à en émettre jusqu'à concurrence de 250 millions. La couverture est assurée par la garantie du gouvernement français, pour les sommes mises à sa disposition, par des bons du Trésor, déposés à la Banque de France, pour le reste des émissions.

Avant que le billet syrien eût été créé, les Anglais, qui avaient éliminé la monnaie turque, avaient introduit en Syrie la livre égyptienne. Celle-ci étant d'une valeur légèrement supérieure à l'anglaise, il en était résulté en Syrie un renchérissement formidable du coût de la vie. La Banque de Syrie a réussi à faire disparaître la livre égyptienne. Néanmoins, les agioteurs (et ils sont innombrables dans ce pays de commerçants) continuent à trafiquer avec l'or et avec les billets de banque étrangers qui sont à parité de l'or. Il faudra du temps et de la patience pour mettre fin à ces abus, dont toute la population souffre par contre-coup.

Puis c'est le déjeuner offert à la mission dans la grande salle de l'hôtel Naziar, par le commandant Trabaud, gouverneur du Liban. Cuisine mi-européenne, mi-arabe, vins de France et du Liban, concert. Rien ne manque, pas même les discours. Pour la première fois, nous entendons un toast dans cette langue arabe, dont les voyelles éclatantes et les gutturales rocailleuses s'égrènent sur le ton monotone d'une mélopée. Les ministres indigènes du Liban assistent au banquet, qui est très animé.

La salle n'est décorée que de drapeaux tricolores. En effet les Libanais, pour marquer leur attachement à la France, ont adopté nos couleurs nationales, en ajoutant, sur la bande blanche, l'emblème de leur pays, un cèdre vert. Pas de drapeaux de la Fédération syrienne, à deux bandes vertes longitudinales séparées par une bande blanche, avec, dans le coin du haut, le long de la hampe, les couleurs françaises en cartouche. On ne veut rien savoir ici de la Fédération, à laquelle on appartient cependant en théorie.

Quelques réflexions happées au vol. Un spirituel indigène me dit : « Le Liban est un pays pauvre qui a trop d'argent. » Réflexion profonde ; car ici l'argent sert à la spéculation beaucoup plus qu'à la production. Un autre me fait remarquer qu'il n'y avait pas d'automobiles à Beyrouth il y a trois ans, et qu'on en compte aujourd'hui près de 2.000 des meilleures marques. Un troisième m'avertit : « Méfiez-vous, ici on parle beaucoup pour ne rien dire. Ce n'est qu'à la fin de la conversation que vous devinerez où votre interlocuteur veut vous conduire. Tout le monde fait de la politique, même dans la rue. »

Comme de simples électeurs en France, quelques notables s'adressent au député : « Tâchez donc de faire hâter nos travaux d'irrigation, d'organiser l'exploitation de la houille blanche. Nous voudrions bien racheter le monopole de la régie des tabacs ottomans. » — « Nous ne voulons rien savoir du rattachement à la Syrie », dit l'un. « Si nous ne formons pas un grand pays avec la Syrie, nos compatriotes émigreront », répond l'autre. Au sortir de toutes ces conversations, ma tête bourdonne.

Des autos nous transportent par une route acci-

dentée jusqu'à la résidence d'été du général
Gouraud, maison de campagne simple, mais élégante, où le haut-commissaire nous reçoit avec la
plus grande amabilité. Aley se trouve à 800 mètres d'altitude, et, de la terrasse, nous découvrons
tous les contreforts de la montagne avec, comme
fond, la mer bleue.

Le série des réceptions n'est pas encore terminée. Dans un deuxième hôtel Naziar, Habib
Pacha, président du Conseil représentatif de
l'Etat du Liban, nous offre le thé, un peu de thé,
avec toutes sortes de friandises autour, dirait un
mien neveu, qui est très gourmand. Nouveaux
discours en arabe et en français.

Enfin, et ce sera la dernière étape de cette
journée si bien remplie, nous grimpons jusqu'au
Grand Palace-Hôtel d'Aïn-Sofar, énorme et con-
fortable construction, qui est établie à une altitude de 1.400 mètres, et où, pendant la belle
saison, les riches commerçants du Liban, de la
Syrie et de l'Egypte viennent villégiaturer. Les
touristes y sont nombreux et le vestibule est
encombré de toilettes... criardes, au moment où
nous descendons de nos chambres pour assister
au dîner offert par le général Gouraud. Ce sont
encore les frères Naziar qui sont propriétaires et
gérants de ce caravansérail.

Au dessert, les discours reprennent. Celui du
général est très applaudi. Il y passe un souffle
d'énergie bienveillante qui semble impres-
sionner beaucoup les Libanais, dont l'orateur

avait fait vaguement allusion aux velléités d'indépendance complète de ses compatriotes. Mon
pauvre Lenail en est à sa troisième harangue depuis ce matin.

Dès cette première journée, nous recueillons
l'écho des plaintes, je serais assez disposé à écrire
enfantines, des habitants de la montagne.
D'abord un fait historique : le Liban n'a jamais
été entièrement indépendant. Il luttait, il est
vrai, pour obtenir son indépendance ; mais désirer et posséder sont deux choses différentes. En
1860, la France avait obtenu aux Libanais un
semblant d'autonomie. Pendant la guerre, alors
que les montagnards étaient bloqués dans leur
repaire et que 180.000 d'entre eux mouraient de
faim, ce fut un officier français, le commandant
Trabaud, qui sauva le reste de la population.
Malgré l'opposition des gens de Damas, le général Gouraud devait bientôt rétablir le Grand-
Liban en attribuant au nouvel Etat la côte, de
Tripoli à Tyr, et les riches plateaux de la Békaa
jusqu'à l'Anti-Liban. Exiger avant l'heure que
prenne fin une tutelle particulièrement bienveillante et encore nécessaire serait vraiment mal reconnaître tant de bienfaits.

Par suite de l'agrandissement du territoire,
l'équilibre des confessions et des races rivales a
été rompu. Les conséquences de ce déplacement
d'influence pourraient être d'une exceptionnelle

gravité, si la puissance mandataire ne cherchait pas d'abord à pacifier et à rapprocher les esprits. Faut-il rappeler, à ce propos, que, même avant que le général eût donné satisfaction aux vœux des montagnards, sept membres du Grand Conseil libanais étaient entrés en relations avec l'émir Fayçal, faisant ainsi bon marché de l'indépendance de leur pays, et qu'il fallut arrêter et déporter ces traîtres pour sauver leurs compatriotes d'une nouvelle servitude ? Des conversations que j'ai eues, aujourd'hui même, avec des personnages influents, tant musulmans que chrétiens, j'ai rapporté l'impression que les rivalités ethniques et confessionnelles ne tarderaient pas à créer dans le Liban une situation anarchique si nous n'étions pas là pour servir d'honnêtes courtiers entre gens qui ne pensent souvent qu'à se brimer les uns les autres.

J'ai vainement cherché à faire préciser par mes interlocuteurs les griefs qu'ils soulèvent contre nos procédés administratifs. Au fond de leur opposition il y avait surtout, m'a-t-il semblé, des préoccupations d'amour-propre froissé et le regret inavoué de ne pas pouvoir employer une puissance sans contrôle à satisfaire d'anciennes rancunes. Les Libanais ne m'en voudront pas de ma franchise. Elle m'est dictée par une affection sincère, qui ne date pas de mon voyage chez eux, et par la certitude, qu'après un apprentissage sérieux des nécessités et des pratiques d'une sage administration, dans un pays à populations si mêlées, ils seront mieux à même de se gouverner eux-mêmes, sans risquer de commettre des fautes irréparables qui compromettraient à nouveau leur liberté et leur bien-être. Un entraînement progressif, sous la direction d'hommes dévoués, qui ne subissent pas l'influence de préjugés séculaires, était pour cela indispensable.

Et maintenant, avant d'aller plus loin, condensons en quelques courtes formules et en quelques chiffres précis, les enseignements que nos professeurs bénévoles nous ont si généreusement et si abondamment fournis.

Le territoire de mandat est limité à l'Ouest par la mer, au Nord par la plate-forme du chemin de fer de Bagdad, à l'Est par une ligne idéale qui traverse le désert entre l'Euphrate et le Tigre, au Sud par la Transjordanie et la Palestine. Il forme un quadrilatère presque parfait. Les 450 kilomètres de côtes sur la Méditerranée s'étendent d'Alexandrette à Tyr.

Un massif montagneux, le Liban et les monts Ansarieh, forme une puissante arête, qui court parallèlement à la mer et qui sépare les anciennes possessions des Phéniciens des plaines de l'intérieur. Ces plaines, dans la partie qui avoisine la montagne, sont arrosées par de nombreux cours d'eau : le Barada, le Litani, l'Oronte, le Koweyk, pour ne nommer que les principaux, qui les fertilisent. C'est dans cette région que se trouvent les grandes villes agricoles et commerçantes de Damas, de Homs, de Hama et d'Alep. Plus loin, s'étendent d'immenses terres sablonneuses et désertiques qu'occupent les tribus nomades.

La population du territoire est d'environ trois millions d'âmes. Il n'a pas encore été possible jusqu'ici de la dénombrer exactement. Les indigènes se dérobent en partie aux opérations du recensement, parce qu'ils cherchent à se soustraire aux impôts et à l'obligation du service militaire. Quoi qu'il en soit, on compte à peine 18 à 20 habitants par kilomètre carré.

Au point de vue politique, ce pays, si peu peuplé, a dû être divisé en huit circonscriptions vivant sous des régimes différents :

L'Etat du Liban,

L'Etat de Damas,

L'Etat d'Alep,

Le territoire des Alaouites,

Le territoire des Druses

Le groupe des Bédouins nomades,

Le sandjak d'Alexandrette,

Le territoire militaire.

Les trois premiers ont une population moyenne de 7 à 900.000 âmes, les Alaouites sont environ 400.000, les Bédouins 70.000, les Druses 60.000.

Le Haut-Commissaire a réussi à former une
Fédération des Etats de Damas et d'Alep avec un
Président fédéral, dont les attributions sont li-
mitées. Annoncée à Damas, en juin 1921, elle fut
proclamée à Alep en juin 1922. Des jalousies
existent, de vieille date, entre les deux grandes
cités, dont chacune souhaiterait de soumettre
l'autre à sa domination.

Les Libanais et les Alaouites ont jusqu'ici refusé avec la dernière énergie de se fédérer avec
les Etats arabes. Les derniers repoussent même
tout régime représentatif et préfèrent être gouvernés directement par un représentant du Haut-
Commissaire assisté de quelques conseillers indigènes.

D'un rapport du colonel Catroux, remis à la
mission aujourd'hui, j'extrais les passages suivants, qui permettent de se rendre un compte
exact du fonctionnement des institutions politiques et administratives dans les Etats de Damas
et d'Alep, où elles sont identiques.

« L'Etat a à sa tête un gouverneur syrien, in-
vesti du pouvoir exécutif. De hauts fonctionnaires l'assistent, portant le titre de directeurs
généraux et gérant les affaires des divers dépar-
tements ministériels.

« A l'intérieur, le pays est resté subdivisé,
comme au temps des Turcs, en provinces ou
sandjaks, qui se morcellent elles-mêmes en cazas.
Un mutessarif est à la tête du sandjak, un caï-
macam à la tête du caza. Leurs attributions cor-

respondent sensiblement à celles de nos préfets
et de nos sous-préfets. Les villes sont adminis-
trées par un Président de Municipalité assisté
d'un Conseil Municipal.

Organismes et fonctionnaires d'essence uniquement nationale gouvernent et administrent
avec l'aide d'un personnel français mandataire,
personnel qui comprend d'après le projet de réduction, applicable à partir du 1er janvier prochain, un Conseiller de Gouvernement et un Conseiller aux Finances, auprès du gouvernement,
un Conseiller administratif auprès de chaque
chef de province, et, auprès des municipalités,
un conseiller pour l'ensemble de ces assemblées.

« Le Gouvernement et l'Administration étu-
dient les mesures à prendre soit de leur propre
initiative, soit en s'inspirant de nos suggestions.
Les projets sont mis au point au cours de conversations entre le Directeur Syrien et le Conseiller intéressé, puis, après avoir été délibérés
en Conseil des Directeurs, condensés sous forme
d'arrêtés ou de décisions, revêtus de la signature du Gouverneur et ensuite soumis à l'examen
du Délégué du Haut-Commissaire. Ce dernier
s'assure que ces actes administratifs s'accordent
avec le programme envisagé pour l'Etat et qu'ils
rentrent dans le cadre des vues générales du
Haut-Commissariat pour l'ensemble des territoires du Levant. Il les contresigne et ils sont
alors promulgués.

« L'application des décisions du Gouvernement central est assurée par les agents de l'intérieur dans chaque sandjak. Le Conseiller administratif a pour mission de l'observer. Il aide de ses conseils les autorités locales, les éclaire s'il y a lieu ; mais n'intervient point directement pour rectifier des négligences ou des erreurs d'interprétation. Il se borne à en rendre compte au Délégué du Haut-Commissaire, qui provoque de la part du Gouvernement local les instructions complémentaires ou les observations nécessaires. »

Voici maintenant le régime sous lequel vivent les Bédouins et des Druses :

« Les Bédouins forment un groupe mouvant d'environ 70.000 individus qui, jusqu'ici, s'étaient toujours déclarés indépendants des autorités régulières. Le Bédouin dit en effet de lui-même : « Sobre comme le chameau, courageux « comme le lion, aussi agile que la gazelle, plus « qu'eux tous, libre et indépendant. » Nous avons soumis ces nomades à notre tutelle en utilisant l'autorité de leurs chefs traditionnels. C'est ainsi que l'un des leurs, l'Emir Noury Chaalan, chef puissant d'une tribu nombreuse, est responsable de l'ordre et de la sécurité dans le désert. En retour de la reconnaissance de son autorité et de l'allocation d'un traitement mensuel, il réprime tout acte de violence, remet entre nos mains l'impôt bédouin et règle sous le contrôle de conseillers français toutes les affaires intéressant les Bédouins nomades. Les autres tribus qui ne reconnaissent pas son autorité sont réparties en un certain nombre de ressorts où les chefs reconnus exercent l'autorité sous notre surveillance. Au centre du désert, à Palmyre, sont installées, avec une compagnie méhariste, une escadrille d'avions et une antenne de télégraphie sans fil. L'autorité du Gouvernement de Damas n'intervient pas dans les affaires des Bédouins ; les chefs relèvent directement du mandat. »

« Communauté ethnique et confessionnelle nettement définie, hostile aux musulmans du Hauran, rebelle en tout temps aux ordres de Damas, cliente pendant de longues années de l'influence britannique, soudoyée par Fayçal, pendant son règne, la nation druse (60.000 âmes) de caractère indépendant et guerrier, occupe le bastion montagneux situé au S.-E. de Damas, en bordure du désert de Transjordanie. En échange de sa libre adhésion au Mandat, la satisfaction de son vœu le plus cher lui a été accordée, la conservation de son particularisme de secte et de race. Loin d'être absorbé contre son gré dans l'Etat de Damas, le Djébel-Druse jouit d'un régime politique autonome, qui lui laisse, sous le contrôle mandataire, la direction de ses affaires. Il a à sa tête un gouverneur druse assisté d'une commission administrative. Un conseil de gouvernement élu vote le budget. Soueida, la ville capitale de l'Etat, est la résidence d'un Conseiller Administratif et le siège d'un bataillon français. »

De tous les groupements politiques du territoire de mandat, les Libanais montagnards sont les plus inquiets et les plus remuants. Ils supportent difficilement l'autorité du gouverneur français, qu'il a fallu leur imposer après l'extension considérable donnée à leur Etat par la création du Grand-Liban. Tandis qu'avant ce doublement de la surface territoriale de l'Etat les catholiques maronites et melchites avaient, dans la montagne, une écrasante majorité, le Grand-Liban compte maintenant 387.000 chrétiens de différents rites et 281.000 musulmans. La fusion des confessions et des races ne semble pas encore être suffisante, pour qu'il soit possible d'abandonner la direction directe des affaires du pays aux seuls représentants élus d'une population si bigarrée.

Enfin le Sandjak d'Alexandrette jouit d'une autonomie financière complète, en raison de l'importance de l'élément turc de sa population.

Les ethnographes se sont livrés à des études

DANSE SYRIENNE.

contradictoires sur l'origine des races habitant la Syrie. Il semble bien que, dans l'ensemble, l'élément sémite y prédomine. Il est par contre douteux, comme d'aucuns l'ont prétendu, que les Libanais soient de race aryenne. Au cours des siècles, il y a eu, dans ce pays, si souvent envahi, de forts apports d'éléments chananéens, kurdes, persans, circassiens, turcomans, bohémiens et même algériens. On comprend que, dans ces conditions, il soit malaisé de créer, dans une population, si profondément divisée par des rivalités séculaires, le patriotisme collectif, indispensable à la formation d'un Etat unitaire. C'est d'abord à faire naître le sentiment de la solidarité nationale que le Haut-Commissaire et ses représentants devront s'employer, sans se laisser distraire de leur tâche par les intrigues des clans ethniques et religieux.

La pacification du pays a exigé des dépenses considérables. Les crédits militaires ont été en 1919 de 78, en 1920 de 564, en 1921 de 740, en 1922 de 400 millions. Les crédits civils ont suivi la même échelle ascendante et descendante : 50 millions en 1919, 185 en 1920, 120 en 1921, 50 en 1922. Ils seront réduits à 13 millions dans l'exercice prochain. Le nombre des fonctionnaires civils français du mandat n'a jamais dépassé 511. Il a déjà été diminué dans de fortes proportions et doit l'être encore davantage dans un avenir prochain.

Les subventions accordées aux établissements scolaires du Proche-Orient sont prélevées sur des fonds spéciaux du Ministère des Affaires étrangères.

De plus en plus les Etats, sous le contrôle de nos conseillers administratifs, arrivent à équilibrer leurs budgets. Bientôt ils pourront subvenir à tous leurs besoins. Les sacrifices que nous avons dû consentir ont été considérables ; mais notre œuvre a été utile et le moment viendra où elle pourra devenir rémunératrice.

Parmi les dépenses, que nous avons engagées en Syrie, il en fut que personne ne saurait regretter : 7.572.000 francs pour le ravitaillement des populations affamées et 40 millions pour l'entretien des réfugiés arméniens, pour ne citer que les crédits temporaires. Le Haut-Commissariat peut encore être fier de l'emploi judicieux qu'il a fait des autres sommes mises à sa disposition par la France pour remettre en état un pays que la guerre avait complètement dévasté. Voici le tableau sommaire des entreprises auxquelles elles ont été consacrées :

Réouverture de 1609 écoles publiques ou privées, dont 1060 sont subventionnées.

Création d'orphelinats hospitalisant 10.000 enfants assistés ;

d'écoles d'agriculture, de stations expérimentales, de pépinières ;

d'écoles professionnelles d'arts et métiers ;

d'un service vétérinaire ;

de haras ;

de 14 dispensaires (200.000 consultations).

de 17 hôpitaux français avec 1.500 lits (138.000 malades) ;

des services de quarantaine de Beyrouth et d'Alexandrette ;

d'un service archéologique ;

de stations météorologiques ;

d'un office commercial ;

réfection de 640 kilomètres de routes ;

amélioration de 130 kilomètres ;

construction de 209 kilomètres de routes nouvelles ;

réparation des chemins de fer détruits par les Allemands (59 millions) ;

rétablissement de 200 aqueducs et d'une trentaine de ponts ;

déblaiement du port de Beyrouth ;

travaux préparatoires pour l'agrandissement des ports d'Alexandrette, de Lataquieh et de Tripoli ;

entreprises de reboisement, d'irrigation et d'assèchement ;

restauration de la banque de crédit agricole.

En 1921 le général Gouraud organise encore à Beyrouth une foire qui eut un grand succès et à laquelle participèrent, comme exposants, 1.200 maisons françaises.

Si les Syriens et les Libanais avaient été abandonnés à eux-mêmes, combien de ces progrès auraient-ils pu être réalisés ?

Au point de vue agricole et commercial, la situation du pays de mandat laisse encore beaucoup à désirer, comme l'établiront les statistiques suivantes :

Il y a en Syrie 650.000 hectares de terres cultivées, 4 millions d'hectares de terres cultivables. Les forêts qui, dans l'antiquité, étaient une des principales richesses du pays, n'occupent plus que la superficie dérisoire de 180.000 hectares. Le rendement actuel de l'agriculture libanaise et syrienne est en moyenne de 4.500.000 quintaux de céréales, 20.000 de coton, 2.000 de soie, 133.000 d'huile. Le cheptel se compose surtout de moutons et de chèvres (2.500.000 têtes). Les moutons fournissent actuellement 35.000 quintaux de laine.

Une exploitation rationnelle des terres pourrait rapidement tripler la production agricole. Dans la vallée moyenne de l'Oronte et dans les plaines d'Antioche et de Djéblé, 350.000 hectares se prêteraient à la culture de coton, ce qui donnerait 54.000 tonnes qui couvriraient presque le cinquième des besoins de l'industrie française.

Un chiffre nous renseignera sur les possibilités de développement de l'agriculture syrienne. Depuis que les services du Haut-Commissariat contrôlent l'administration des biens wakoufs (propriétés collectives provenant de fondations religieuses), le rendement de ces terres a passé de 14 millions en 1920 à 24 millions en 1921.

Les services fonciers se sont employés à réformer le cadastre, à donner plus de régularité aux formalités de l'enregistrement, du transfert et de la délivrance des titres de propriété, à préparer une nouvelle législation agraire, à organiser l'enseignement agricole, à créer des fermes-écoles et des stations d'essais.

Quant à la balance commerciale de la Syrie, elle est fortement déficitaire. Les importations en 1921 accusent, aux articles principaux, les chiffres suivants : tissus 83.000.000 francs, cuirs 75.000.000, alimentation 11.000.000, droguerie 3.000.000, matériaux de construction 2.500.000, verrerie 2.000.000 ; les exportations : soies 25.000.000, laines 10.000.000, peaux 5.000.000.

Au total 500 millions à l'importation, 60 à l'exportation.

Cet écart considérable doit être, en partie, attribué aux dévastations de la guerre. Il est d'ailleurs quelque peu compensé par l'argent que laissent dans le pays les grandes caravanes de pèlerins de la Mecque, qui se forment chaque année à Damas, et par les fortes subventions que les émigrés enrichis du Liban envoient régulièrement à leurs compatriotes.

A noter encore que les importations de 1921 se répartissent, quant aux pays d'origine des marchandises, de la façon que voici : France 12.000 tonnes, Angleterre, 21.000, Egypte 25.000. Il y a là une indication pour nos industriels et nos commerçants qui, jusqu'ici, ont trop négligé de se créer une clientèle dans le pays de mandat.

Les sous-sols du Liban et de la Syrie n'ont pas encore été méthodiquement prospectés. On sait cependant que le plomb argentifère, le fer et le cuivre y abondent, comme aussi le nickel. Les salines d'Alep, les marbrières de Damas sont déjà en partie utilisées. On connaît plusieurs vastes gisements de lignite. Dans certaines régions du Liban le charbon affleure. Des indices certains semblent indiquer qu'il doit y exister d'abondantes sources de pétrole. Autant de richesses dont le pays tirera les plus grands avantages quand nos ingénieurs auront trouvé le moyen d'en déterminer l'importance et d'en assurer l'exploitation.

Le Liban promet enfin de devenir, il est déjà en partie, pays de grand tourisme. Notre ami Chaix en est émerveillé. Sur les parties escarpées

de la montagne, on trouve tous les climats. Un
vieux dicton arabe résume les caractères opposés
de la région en une pittoresque formule : « Alors
que l'été réchauffe ses pieds, la brise printanière
enveloppe ses épaules et la neige éternelle cou-
ronne sa tête. »

De temps immémorial les riches Egyptiens
viennent passer les plus chauds mois de l'année
sur les pentes accidentées du Liban, d'où la vue
s'étend jusqu'à la grande Bleue. Les villes sont
nombreuses, mais les hôtels confortables très
rares. Comme il serait souhaitable de doter ces
sites enchanteurs, non pas de palaces, mais d'hô-
telleries gaies et proprettes, qui attireraient, dans
ce pays de rêve, les oisifs des deux continents. La
nature y est si belle, l'air si pur et la population
si avenante !

Les troupes françaises, qui ont assuré la libé-
ration et plus tard la pacification de la Syrie,
n'ont jamais dépassé 70.000 hommes, dont 6.000
à peine d'officiers et de soldats de la métropole.
En 1921, elles furent réduites à 35.000 unités, en
1922 à 31.000. On a prévu pour l'année prochaine
une nouvelle réduction qui portera sur 10.000
hommes. C'est bien l'extrême limite des com-
pressions possibles. Sans doute nos officiers sont
arrivés à créer une milice indigène de 8.000 soldats ; mais ces contingents nouveaux n'ont pas
encore la solidité de nos coloniaux et il serait

imprudent de trop compter sur leur bravoure, qu'un entraînement prolongé n'a pas encore suffisamment disciplinée.

Une dernière remarque. Quand le général Gouraud a débarqué à Beyrouth le 21 novembre 1919, il a trouvé un pays complètement ruiné et affamé par la guerre, que les bandes d'irréguliers turcs rançonnaient dans le Nord et que les intrigues du Bédouin Fayçal troublaient à l'Est. C'est le 24 juillet 1920 seulement, qu'après la victoire éclatante de Kan-Meisseloun, le général put pénétrer dans Damas, en février 1921, que la prise d'Ain-Tab, après un siège de 6 mois, amena les Turcs à composition, le 21 octobre de la même année que l'accord d'Angora lui rendit en Syrie sa pleine liberté d'action au début de 1922 que le pays des Alaouites fut enfin pacifié.

Tous les éclatants succès de son administration se répartissent donc sur une période de deux années à peine. Le constater n'est-ce pas rendre l'hommage le plus mérité au brillant élève et ami du maréchal Liautey, au grand colonial dont la popularité est méritée, non seulement par son génie militaire, mais encore par ses talents remarquables d'administrateur ? La France ne saura jamais se montrer assez reconnaissante vis-à-vis de ce magnifique soldat pour les éclatants services qu'il lui a rendus dans le Proche-Orient.

XVI

LA PERLE DE L'ORIENT

Déboisement. — Une usine de soie. — Chameaux et ânes. — L'observatoire de Ksara. — La ferme-modèle de Thanaïl. — L'agriculture en Syrie. — Kahn-Meisseloun. — Damas. — Les Arabes.

Damas, jeudi 28 septembre.

On s'est couché tard. On se lève tôt.

Avant le départ de la caravane, j'ai eu ce matin avec le Président du Conseil libanais et avec le curé maronite de la paroisse de Sofar un long entretien dans le jardin de l'hôtel. Je leur avais exprimé ma surprise de voir presque complètement dénudés les flancs de ces hautes montagnes dont les bois étaient justement célèbres dans l'antiquité . « Nous avons été négligents, cela est incontestable, me dirent-ils ; mais ce sont surtout les Turcs et les Allemands qui, pendant la guerre, ont dévasté nos plantations de mûriers.

Les Anglais ont pris le reste. Pendant la courte occupation de notre pays par leurs troupes, nos vieux arbres ont été coupés et expédiés en Egypte. Il faudra un siècle pour réparer ce désastre. » Une fois de plus les Anglais ont fait acte de « libérateurs » égoïstes.

Avant de prendre le chemin de Damas, nos autos nous transportent, à travers un paysage de rêve, aux établissements Guérin, où se traitent les cocons de vers à soie, la principale industrie du Liban. La route est encombrée de convois de chameaux, lourdement chargés, s'avançant en file indienne et marchant de leur pas lent et feutré, en dodelinant gravement de leur tête dédaigneuse. Le « vaisseau du désert » n'est pas beau, mais combien il rachète sa laideur par la majesté de son allure. Rien ne semble l'émouvoir. Le mépris de sa lèvre pendante en dit long sur les sentiments que ce sage nourrit pour notre pauvre humanité. On ne l'entend pas approcher, tant ses larges pantoufles se posent avec précaution sur le sol caillouteux. Sans cet infatigable porteur, le commerce du Levant n'existerait pas. Et il en fut toujours ainsi dans cet Orient immuable. La Bible, quand elle énumère les richesses d'un patriarche, n'oublie jamais de mentionner le nombre de chameaux qu'il possédait. De Job elle dit : « Et son patrimoine se composait de sept mille moutons et de trois mille chameaux. » Et Isaïe, voulant prédire la prospérité future d'Israël, s'écriait : « Une inondation de chameaux te couvrira. »

En tête de chaque file de chameaux trottine un petit âne, qui lui sert de guide. On rencontre relativement peu de chevaux en Syrie, l'âne y est partout. Le plus pauvre fellah possède et chevauche un bourriquet.

Eternel calomnié, l'intelligent animal s'acquitte, avec une philosophie drôlatique, des tâches les plus multiples, tour à tour monture, porteur de fardeaux, guide et amuseur de la foule. Il a le poil gris et roux, l'œil éveillé, les oreilles parlantes. Il comprend tous les ordres de son maître, se promène allègrement dans les rues et dans les allées des bazars sans bousculer personne. On ne serait pas surpris, dans ce pays, où l'un de ses ancêtres fit des remontrances au prophète Balaam, s'il se mettait à parler, tant il y a de malice souriante dans ses regards. L'Arabe le traite sans aménité, mais on devine qu'il le tient néanmoins en haute estime. C'est, pour lui, le compagnon fidèle des bons et des mauvais jours. Il ne rit pas de ses caprices, comme le font les méchants enfants de chez nous. Quand Jésus fit son entrée solennelle à Jérusalem, le jour des Rameaux, c'est sur le dos d'une ânesse qu'il reçut les hommages du peuple hébreu et nul ne marqua de surprise de le voir en cet humble équipage. Les caïds d'aujourd'hui ne croient pas

déchoir, quand ils enfourchent maître Aliboron.
Si La Fontaine avait fait un voyage en Orient, il
aurait parlé de l'âne avec plus de courtoisie, et de
bienveillance. Nous admirons, sans fausse honte,
les petits ânes, qui précèdent et dirigent les convois de chameaux. Avec quelle conscience de
leur dignité, ils règlent leurs petits pas sautillants
sur la marche pesante des gros animaux qui sont
confiés à leur garde, avec quelle attention ils
choisissent les passages les moins rugueux de la
piste. Conscients de leur délicate mission, ils
ont l'œil à tout et leur maître n'a qu'à les laisser
faire.

Le chemin de fer n'a pas et ne fera pas disparaître les transports à dos de chameaux. La ligne
à voie étroite et à crémaillère, qui relie Beyrouth
à Damas, a des tarifs presque prohibitifs et elle
serait d'ailleurs insuffisante pour un trafic qui
va sans cesse en se développant.

En nous rendant à l'usine Guérin, nous découvrons un campement de Bédouins, véritable
tableau biblique. Le directeur de l'établissement
nous fait, avant la visite des ateliers, un cours
intéressant sur l'industrie de la soie en Syrie. La
destruction d'une grande partie des cultures de
mûriers, pendant la guerre, a diminué considérablement la production des cocons. On replante
aujourd'hui et, dans quelques années, l'ancienne
prospérité des éleveurs sera rétablie.

A l'usine les femmes druses travaillent, le visage voilé. De tous jeunes enfants (8 à 12 ans) surveillent les bassines. On ignore ici les règlements de protection du travail. Le spectacle est plutôt affligeant.

Et maintenant en route pour Ksara, station astronomique importante. L'observatoire est dirigé par le R. P. Berloty, un savant connu et apprécié dans le monde entier. Il a, d'accord avec l'amiral Grandclément, organisé un réseau de stations météorologiques, qui rendent les plus grands services à l'agriculture et à la navigation. Les grandes lunettes méridiennes, les sismographes de la station nous intéressent vivement.

De Ksara nous nous rendons à Thanaïl, où les Jésuites possèdent une ferme modèle. Entre ces deux arrêts, devant une riante auberge, de jeunes et accortes Libanaises arrêtent nos automobiles pour nous offrir des friandises arabes et du vin doré du pays.

A Thanaïl, l'abondance de l'eau et l'industrie de l'homme ont créé des merveilles. Tous les genres de cultures réussissent dans ce coin de Paradis. On nous conduit dans une vaste salle où a été organisée, en notre honneur, une exposition des produits de la ferme. Il y a là des légumes, des pommes, des poires, des pêches, des abricots de toute beauté. Mais c'est surtout la variété surprenante des raisins noirs, roses, gris et dorés qui attire nos regards. Les Pères ont sélectionné tous les cépages renommés et, sous ce ciel de feu, les grappes, qu'ils ont obtenues rappellent, par leurs dimensions, celles que les Hébreux, envoyés en éclaireurs dans la terre de Chanaan, rapportèrent à Moïse.

Le gérant de Thanaïl nous a fait un exposé de la situation agricole du pays. Voici ce que j'en ai retenu :

On ne saurait trop répéter que la Syrie a connu des jours d'incomparable prospérité à l'époque où ses vastes plateaux et les contreforts de ses montagnes étaient rationnellement cultivés. Les Romains avaient exécuté de formidables travaux d'irrigation, dont on retrouve encore partout les puissants vestiges. Grâce à ces canalisations ingénieuses, les eaux de l'Euphrate fécondaient un sol généreux qui ne demande qu'un peu d'humidité pour donner les plus belles récoltes.

L'incurie arabe et turque a laissé se détériorer les canaux d'adduction du fleuve. Le sable a envahi les champs abandonnés. Le désert, avec ses rares bouquets de lentisques, s'étend maintenant sur les immenses espaces dont les plantureuses moissons alimentaient la Rome des Césars.

Et pourtant cette terre syrienne reste extraordinaire de fécondité. Partout où jaillissent des sources, elle se couvre d'une végétation luxuriante. On y trouve le blé, l'orge, le maïs, le sésame, la vesce, le pois chiche, la luzerne.

L'artichaut, l'asperge, l'aubergine, le concombre, le haricot, le chou, le navet, la betterave, le radis, l'ail, l'oignon, le piment, les salades, le melon, tous les légumes en un mot, y poussent en abondance.

Quant aux fruits, ils pourraient devenir une des principales sources de richesse du pays si, pour les utiliser, on créait des usines de conserves. Outre les arbres fruitiers de l'Occident, on trouve en effet, en Syrie, le sumac, le caroubier, le figuier, le bananier, le dattier, l'amandier, le pistachier et l'oranger

Il y aurait encore à créer l'industrie de la parfumerie. Les fleurs poussent partout et combien odorantes, mais les procédés, qu'emploient les parfumeurs indigènes, sont plus que primitifs.

Sur les terres du littoral, le coton et la canne à sucre pourraient fournir de gros bénéfices.

Quant à la sériciculture, elle est déjà une des principales ressources du pays. La production annuelle atteignait avant la guerre 4.500.000 kilogrammes par an. La destruction partielle des plantations de mûriers et des usines, pendant les hostilités, a malheureusement diminué, dans des proportions considérables, le rendement de cette intéressante industrie. Et puis la fabrication des étoffes de soie laisse beaucoup à désirer et la création d'usines avec outillage moderne serait très désirable.

Aucun progrès n'a été réalisé dans les procédés de culture. Le fellah se sert encore de la charrue d'Abraham. Il semblerait que la motoculture serait tout indiquée pour les espaces étendus, réservés à l'ensemencement en céréales dans des régions où la main-d'œuvre est rare. Des essais ont été tentés. Il a fallu y renoncer provisoirement, faute de mécaniciens expérimentés.

Un autre obstacle devrait être écarté. La terre appartient, soit sous la forme de propriété individuelle, soit sous le régime de l'indivisibilité, à de gros propriétaires qui prélèvent des fermages en nature très élevés sur le fellah. Celui-ci, qui ne dispose, ni de capitaux, ni de crédit, n'a aucune possibilité et aucun désir d'augmenter la production des champs qu'il laboure pour un autre. Quant au propriétaire, soit apathie orientale, soit crainte de compromettre les réserves d'argent qui seraient nécessaires pour aménager le sol, il se désintéresse de toutes les améliorations, qui pourtant finiraient par augmenter sérieusement ses revenus. La ferme-modèle de la Békaa a pourtant montré ce qu'on pourrait faire d'une terre dont la fécondité est justement renommée.

Une réforme agraire s'impose donc. Les services du Haut-Commissariat la préparent. S'ils arrivent à la faire accepter par une population malheureusement routinière, ils auront contribué, pour une large part, à rendre son ancienne prospérité à un pays qui est appauvri, non par l'épuisement de la nature, mais par la négligence de l'homme.

Pendant le déjeuner plantureux, qui nous est
servi, on nous fait goûter les vins généreux que
produisent les magnifiques raisins de Thanaïl.
L' « eau de Ksara », ce clairet, léger au goût,
mais pesant au cerveau, enlève tous les suffrages.
Mais c'est surtout le « vin d'or » du Liban qui
arrache aux connaisseurs, par l'éclat de sa couleur, la finesse de son bouquet et la chaleur de
son alcool, des cris d'admiration.

Les vignes libanaises sont basses et touffues.
La plante, à environ 70 centimètres du sol,
s'étend horizontalement en un fouillis de feuilles
menues, sous lesquelles les grappes s'abritent
contre les rayons brûlants du soleil, tandis que
la réverbération du sol surchauffé les mûrit par
le bas.

Nous sommes à Thanaïl, sur le versant ouest
de la Békaa, la large vallée, qui sépare le Liban
de l'Anti-Liban. C'est ici que se trouvent les
sources des grandes rivières qui fécondent la
terre syrienne, de l'Oronte et du Léontès. Les
pics du Liban atteignent une hauteur de 2 à
3.000 mètres. En hiver ils se couvrent de neige.
Toute la vallée de la Békaa est un jardin. Les
arbres y sont nombreux, pins, chênes-nains, cy-
près, cèdres, genévriers, thérébinthes, érables,
noyers, poiriers. Dans les pâturages on voit de
gros troupeaux de chèvres et de brebis. Le

mouton libanais a une abondante toison. Sa queue énorme, en forme de spatule, est formée d'un amas de graisse dont les indigènes sont très friands.

Nos voitures traversent en hâte ce grenier d'abondance et elles s'engagent dans les gorges désertiques de l'Anti-Liban. Arrêt à Khan Meisseloun, le champ de bataille tourmenté, où les troupes du général Gouraud remportèrent une brillante et définitive victoire sur celles de l'émir Fayçal, le protégé des Anglais. Le colonel Goudot décrit sur place les péripéties de ce dur combat. Le terrain est encore semé de douilles de cartouches. J'en emporte quelques-unes comme souvenir.

A 20 kilomètres de Damas, dans un paysage désolé, deux automobiles viennent à notre rencontre. Dans l'une un ministre de l'Etat, personnage gros et solennel, dont le chef est surmonté d'un superbe turban, dans l'autre le colonel Catroux, administrateur de la région, officier d'un rare mérite et dont l'énergie a fait merveille dans un poste particulièrement difficile. Après les présentations et les souhaits de bienvenue, la caravane se remet en route. La chaleur est toujours torride, le chemin poussiéreux.

Brusquement, à un tournant de la route, le paysage change. Partout de la verdure, des fleurs, d'élégants chalets, de la fraîcheur qui monte du Barada, rivière encaissée profondément dans le roc. Nous approchons de la ville, que les poètes arabes ont justement comparée à « une perle encastrée dans une émeraude. » Les maisons à terrasses et les 250 minarets de la populeuse Damas (300.000 habitants) apparaissent.

On nous conduit dans le jardin de la ville, où de grands arbres donnent un frais ombrage. Autour du kiosque des chaises sont disposées en cercle. Autorités civiles et religieuses sont là, entourant le chef de l'Etat, S. E. Hakki Bey el Azem.

Le temps de nous débarbouiller à l'hôtel, et nous voilà repartis pour l'ancien palais de l'émir Fayçal, où nous attendent le gouverneur, les ministres, les administrateurs français, les évêques catholique, grec, grégorien et le grand mufti. Pour la première fois nous allons dîner sans vin. Le gouverneur, dont nous sommes les invités, est un musulman sunnite orthodoxe.

Déjà à Thanaïl, nous avions entendu plusieurs discours. Ce soir la série recommence et combien abondante ! C'est toujours Lenail qui répond. J'admire son inépuisable faconde. Elle semble d'ailleurs être très goûtée par ses auditeurs arabes. Quelques-uns de ceux-ci font cependant, après dîner, des réserves sur les théories politiques de mon collègue qui, à leur gré, insiste trop sur le côté éducatif du mandat de la France. Ces braves Syriens voudraient que la puissance mandataire leur fournît beaucoup d'argent, mais se gardât de leur donner, sur l'emploi qu'ils en feraient, des conseils trop pressants.

L'Arabe est policé, courtois, très causeur. Il raisonne à perte de vue, avec un aimable manque de logique qu'aucune objection ne déconcerte. Il fait de la politique depuis 3.000 ans, ce qui signifie qu'il en fait souvent de fort mauvaise. Il est assez bien renseigné sur la marche des événements ; mais il tire, d'une observation insuffisante de leur évolution, des conclusions souvent enfantines. Toutes ses préoccupations sont d'ordre local. Elles ne s'expriment, pour cela, qu'avec plus de passion contenue. Rivalités de races et de confessions et différends économiques sont l'aliment de toutes ses conversations. Les familles religieuses et les clans sociaux se combattent ici avec un acharnement que la politesse du langage dissimule à peine. Le patriotisme collectif n'existe pas encore. Les autorités françaises s'appliquent à le créer. La tâche ne sera pas facile ; car, dans cet Orient, qui a connu tant d'invasions, tant de bouleversements, tant de servitudes, tant de prédications opposées, la secte prime la nationalité. Le musulman a quelque peine à voir un compatriote dans le Maronite et le Latin. Pour les deux : le Grégorien, le Grec et le Juif sont presque l'ennemi héréditaire. Ces races vivent côte à côte sans se comprendre et sans se compénétrer. Tout au plus seraient-elles capables de faire bloc contre l'étranger, que celui-ci fût Turc, Anglais ou Français. Une longue éducation sera nécessaire pour les amener à former une nation consciente de ses droits et de ses devoirs.

Non pas que les préventions, que les Syriens nourrissent les uns contre les autres et qui souvent vont jusqu'à la haine, s'affirment en public, en dehors des heures de crise où le fanatisme éclate en pillages et en massacres. Dans leurs rapports journaliers, les rivaux se départissent rarement d'une urbanité un peu dédaigneuse. Mais le feu couve toujours sous la cendre et il deviendrait incendie dévorant, si les représentants de la puissance mandataire n'étaient pas là pour en prévenir et en arrêter les ravages.

Ce peuple bigarré pourra peut-être un jour se gouverner lui-même, comme il semble le désirer si ardemment. Il en serait incapable aujourd'hui, sans risquer de compromettre pour toujours son indépendance reconquise. C'est l'impression que je rapporte des entretiens que j'ai eus, pendant la soirée, avec des personnages appartenant à tous les milieux de la population cultivée.

Au cours du dîner, la fanfare des contingents syriens s'est fait entendre. Il paraît qu'elle a joué la *Marseillaise* et plusieurs marches connues de nos musiques de régiment. La mesure en était cependant tellement fantaisiste et les instruments étaient si mal accordés, qu'il eût été difficile de rien comprendre à cette cacophonie. Nous avons néanmoins applaudi la bonne volonté des exécutants, qui en ont éprouvé un visible orgueil.

XVII

A DAMAS

Visite des monuments. — Nouri-Chalaan. — Le cheval arabe.
Ecoles françaises. — La dervicherie.

Damas, vendredi 29 septembre.

Ce matin, le spectacle de la grand'place, sur
laquelle donnent mes fenêtres, retient quelques
instants mon attention. Une lumière, rendue plus
éclatante par la couleur blanche, et des maisons
et de la terre, donne un extraordinaire relief à
toutes les scènes pittoresques de la rue. Dans le
fond une interminable théorie de chameaux, plus
près, des bourricots bizarrement harnachés portant des cavaliers généralement ventrus, beaucoup de mulets attelés, quelques petits chevaux
nerveux aux selles multicolores (il faut être riche
pour en posséder), des femmes voilées, la plupart
des hommes portant le tarbouch, un certain

nombre de Bédouins avec l'étrange coiffure blanche et les loques pendantes qui leur donnent une physionomie féminine et au premier plan... un tramway électrique.

L'ordre du jour est chargé aujourd'hui. Nos voitures traversent les soukhs, qui sont aussi vastes et paraissent mieux achalandés que ceux de Constantinople. C'est vendredi, jour de marché. Les paysans, avec leurs costumes, variant de village à village, encombrent les allées, poussant devant eux leurs petits ânes lourdement chargés.

Notre guide, le drogman du Commissariat, nous fait remarquer que les vitrages de l'artère principale sont endommagés (quelques briques de la voûte faillirent, il y a quelque temps, tuer en tombant M. Jonnart et le général Gouraud). Ces dégâts ont été provoqués, nous raconte notre homme, de la manière suivante : Quand la Turquie entra en guerre contre l'Entente, le gouvernement de Constantinople, qui se méfiait des Damasquins, provoqua, dans le bazar, une de ces manifestations bruyantes de loyalisme qui, dans ce pays, s'accompagnent toujours de coups de fusil. Les bons Syriens marchèrent et, pendant une heure, ils brûlèrent d'innombrables cartouches. Or, à la sortie des soukhs, se trouvaient des soldats turcs qui firent la cueillette des armes. L'artifice était ingénieux.

Nous traversons le quartier juif et le quartier chrétien. Femmes et enfants battent des mains

LES NORIAS DE HAMA.

sur notre passage et font entendre des « you-
you » frénétiques, en nous « souhaitant la victoire. » Quelle victoire ?

On nous montre la vieille porte par laquelle
l'apôtre saint Paul entra dans la ville, la maison
où il logea, le mur du haut duquel les premiers
chrétiens le firent descendre dans une corbeille
pour lui sauver la vie, la maison de saint Jean
Damascène, qui est occupée actuellement par les
Pères Jésuites.

Longue station dans une fabrique d'objets de
cuivre perforés et cloisonnés, puis dans une fabrique de meubles incrustés d'ivoire et de nacre.
Les ouvriers sont presque tous des Israélites des
deux sexes, de 7 à 16 ans. Les enfants, occupés à
ces travaux pénibles, ont l'air souffreteux. Autant de candidats à la tuberculose.

Pour nous faire admirer en pleine activité un
tissage d'étoffes de soie et de tapis, le directeur
d'une usine a hâtivement réuni un personnel de
fortune. Il y a en effet en ce moment, à Damas,
une grève importante. La question sociale se pose
donc, même en Orient.

Tout ce que nous avons vu de la vieille cité
arabe était vraiment original. C'était bien la
ville levantine d'autrefois, avec ses rues étroites
et irrégulières, ses maisons à miradors et à étages
supérieurs saillants, sa population grouillante
costumée de loques aux couleurs voyantes.

Notre guide nous fait voir la maison qu'occupait le consul allemand, une brute qui, à Saint-

Jean-d'Acre, avait déterré, pendant la dernière guerre, les cadavres des soldats français de l'expédition de Bonaparte : « Il est venu crever ici ! » ajoute le bonhomme qui, comme tous les Orientaux, a le respect des tombes.

Le superbe palais Azem a été acheté par le gouvernement français qui y a installé un remarquable musée d'art syrien. Le directeur, M. de Lorey, s'est donné pour mission de ressusciter les méthodes et les procédés des artisans d'autrefois, en y adjoignant une sorte d'école des beaux-arts. L'entreprise réussira. Elle était nécessaire ; car les Allemands ont passé par ici et imaginé de s'y livrer à des travaux de restauration, genre Hoh-Königsbourg.

C'est ainsi que la magnifique mosquée des Ommiades, ancien temple de Jupiter et ancienne basilique théodosienne, comme aussi le somptueux tombeau de Saladin ont été profanés par des décorations récentes, œuvre lamentable de savants à lunettes d'or.

La mosquée a 130 mètres de longueur. Sa nef principale est séparée des bas-côtés par de fortes colonnes de style corinthien. On y trouve tous les styles, le romain, le byzantin et l'arabe, harmonieusement fondus. L'allemand seul y détonne. Ah ! les abominables barbares ! Hadj Guilloum aurait fait ici autant de mal que Tamerlan, si on lui en avait laissé le loisir.

Au milieu de la grande nef, une construction massive, entourée d'une grille, abrite, dit-on, la

tête de saint Jean-Baptiste. Au moment où nous
en approchons, un vénérable uléma enturbanné
s'avance vers M. Lenail, le remercie chaudement
d'avoir pris la défense des musulmans et lui
offre un superbe exemplaire du Coran. Si, après
cela, mon brave collègue ne devient pas un sec-
tateur de Mahomet !

Encore un arrêt pour saluer le tombeau d'Abd-
el-Kader. Un descendant de l'illustre Emir nous
fait les honneurs de la petite mosquée où l'ancêtre repose sous un catafalque de pierre, re-
couvert d'une riche étoffe aux tons fanés.

Des innombrables minarets de Damas descend
l'appel à la prière. Les muezzins ont la voix
puissante. Leur chant ne manque pas d'harmonie, mais combien la mélodie en est étrange !

Le déjeuner d'aujourd'hui a été servi sous une
tente dans le jardin de la ville. Nous sommes les
hôtes du colonel Catroux. Il y a 120 couverts. On
sert du vin de France, auquel les musulmans ne
touchent pas. Parmi les invités un convive
étrange, Nouri Chalaan, le grand chef des Bédouins. On nous affirme que 40.000 nomades
obéissent à ses ordres. De petite taille, solidement
charpenté, les traits énergiques et intelligents, le
visage et les mains bronzés, le regard mobile et
un peu inquiet, il accepte complaisamment je
dirai presque les hommages des Syriens qui l'en-

tourent. Sa tête porte le voile blanc, fixé par une double cordelette noire. Une longue tunique grise, serrée aux hanches par une ceinture de soie, l'enveloppe, et, sur ses épaules, flotte une superbe gandurah violette à franges dorées.

Le chef a de l'allure et ne semble nullement étonné de se trouver en si brillante compagnie. Il connaît sa puissance. J'ajouterai qu'il est très riche, tant des subventions qu'on lui sert pour l'assagir, que du produit des pillages d'autrefois. Les chevaux de Nouri Chalaan sont régulièrement engagés dans les courses (car il y a un champ de courses dans la ville des Abbassides), et y remportent d'éclatants succès : « Pour ce qu'il lui a coûté de les razzier », dit, à côté de moi, un mauvais plaisant.

Les Bédouins étaient jadis la terreur du pays. De nombreux villages isolés ont été abandonnés par leurs habitants à la suite de razzias répétées. Les pillards respectaient la vie de leurs victimes, quand celles-ci ne se défendaient pas ; mais ils emmenaient moutons, ânes, chameaux et produits des récoltes. Depuis que la Syrie est occupée par les troupes françaises, ces actes de brigandage sont devenus très rares. Le chef des nomades est passé au rang de fonctionnaire salarié du gouvernement et il maintient une discipline sévère parmi ses troupes dispersées. Les Bédouins sont maintenant et jusqu'à nouvel ordre de paisibles bergers, qui vivent sous la tente et font paître leurs troupeaux dans les campagnes désertes.

C'est de cette sécurité retrouvée que les fellahs syriens nous gardent la plus profonde gratitude. Quand un vol se produit, il est désormais facile de retrouver et de châtier les coupables.

Seule, la région désertique de Palmyre n'est pas encore complètement nettoyée. Dans le programme primitif de la mission, la visite des ruines gigantesques de la cité de l'impératrice Zénobie avait été prévue. Le général Gouraud a préféré supprimer cette intéressante excursion parce que, il y a quelques jours à peine, des Bédouins avaient, dans la région de l'Euphrate, attaqué une caravane.

Nouri Chalaan nous a aimablement invités à venir prendre un repas sous sa tente qui, paraît-il, est somptueuse. Quand on accepte l'hospitalité d'un Bédouin, il faut, en entrant chez lui, se laisser embrasser sur la bouche. Cette cérémonie est vraiment trop familière. D'ailleurs le temps nous manque pour répondre aux amabilités du grand chef. Cela n'empêche pas Nouri Chalaan d'être un homme de bonne société, comme il l'a prouvé à table, où il occupait une place d'honneur. Le brigandage, comme le journalisme, mène à tout, à la condition d'en sortir.

J'ouvre ici une parenthèse.

Les Bédouins sont très fiers, et à bon droit, de leurs chevaux, qui sont des arabes pur sang.

Pendant la guerre ils en ont perdu beaucoup, enlevés par les Turco-Allemands d'abord, par les Anglais plus tard. Il est d'autant plus difficile à nos services de remonte de trouver sur place les chevaux qui leur seraient nécessaires. Le Bédouin ne vend que très difficilement la monture à laquelle il est très attaché. Néanmoins le Haut-Commissariat a réussi à créer des haras, où des étalons soigneusement sélectionnés ont pu être réunis au prix de grands sacrifices.

Notre après-midi a été consacré à la visite d'hôpitaux, d'orphelinats et de collèges, en particulier de l'important collège des Lazaristes. Partout la même antienne : « Permettez à nos congrégations anémiées de se recruter en France. Le champ de l'activité française est immense. Ce sont les ouvriers qui commencent à manquer. »

Arrêt prolongé dans la dervicherie de Damas, qui est une des curiosités de la ville. De loin on aperçoit une multitude de petites coupoles blanches, groupées, comme un troupeau de moutons, autour du berger, que représente la grande coupole de la mosquée. Autour de la vaste cour, les fines arcades d'un cloître, au milieu un grand bassin avec jet d'eau, sous les arceaux des portes, qui donnent accès à des chambres, actuellement inoccupées. C'est là que logent en partie les pèlerins de la Mecque et de

Médine, quand se forment à Damas les imposantes caravanes du Hedjaz. Nous voyons passer une longue théorie d'élèves derviches, vêtus de noir et coiffés d'un petit turban blanc.

Les confréries sont très nombreuses et très puissantes dans le monde musulman de la Syrie. Elles ajoutent un peu de mysticisme aux lois trop positives du Coran.

Après une réception à la Chambre de commerce, un dîner nous a été offert par la municipalité de Damas dans les vastes locaux du Sérail. Le décor était très riche avec cependant ces trous qui surprennent toujours le goût européen, l'article de pacotille à côté de l'incomparable tapis oriental. Cuisine arabe, et je vous assure que la gourmandise n'y perdait rien. Pas une goutte de vin, mais de la belle eau claire, dont S. E. le gouverneur voulut bien me vanter les remarquables qualités. Une fanfare faisait entendre des mélodies... disons surprenantes. Au dessert, le gouverneur nous a régalés d'un long discours dans sa langue maternelle, qui est fort rocailleuse. Il parle pourtant le français couramment. Un interprète nous a donné la traduction. M. Lenail a répondu. Je ne fais plus le compte des palabres, qu'il a le don surprenant de varier à l'infini.

XVIII

HOMS

Les mécontents. — Dans le bled. — Gendarmes et carabines.
Homs. — Femmes voilées.

Homs de Syrie, samedi 3o septembre.

Avant de quitter Damas, nous avons reçu, Lenail et moi, quelques Syriens de marque. Parmi
eux se trouvait un jeune homme élégant, qui
parlait le français le plus choisi. Il se plaignait
de tout : du mauvais état des routes, des tarifs de
chemins de fer trop élevés, des impôts écrasants.
On nous a confié que ce mécontent était propriétaire de quarante villages et laissait croupir ses
fellahs dans la plus profonde misère.

— Vous finirez par lasser la France par votre
perpétuelle mendicité, lui fait remarquer Lenail.
Bien qu'appauvris par la guerre, nous avons déjà
sacrifié plus de deux milliards pour la Syrie.

Sachez donc faire vous-mêmes un effort sérieux, au lieu de tendre toujours la main.

Le jeune homme se rebiffe. Il finit par nous lancer fièrement à la tête le dilemme suivant :

— Si la France est riche qu'elle se montre généreuse. Si elle est pauvre que vient-elle faire chez nous ?

— Fort bien ! répond mon ami. Si nous n'arrivons pas à vous contenter, nous finirons par nous en aller.

Cette fois le Syrien n'en mène plus large :

— Ah ! non ! par exemple, s'écrie-t-il. Le jour où vous partirez, ce seront les Turcs ou les Anglais qui vous remplaceront. Or les premiers nous dépouilleraient de ce qui nous reste et les seconds nous feraient marcher à la trique.

Nous avons ainsi, dans le pays de mandat, plusieurs catégories d'adversaires. Les grands propriétaires qui, sous le régime turc, réussissaient presque toujours à s'affranchir du paiement de l'impôt en distribuant d'abondants backschischs, sont maintenant fort mécontents d'être obligés de passer à la caisse comme les petits contribuables. Dans les milieux grecs, se trouvent de nombreux agents de l'Angleterre. Enfin quelques intellectuels, formés dans les Universités européennes, sont intimement persuadés qu'ils possèdent toutes les qualifications et toute l'expérience voulues pour occuper les postes les plus élevés de l'administration et supportent difficilement la tutelle française. Il est curieux de constater que cette agitation est surtout entretenue par des Libanais et des Syriens, qui ont abandonné leur patrie depuis leur première enfance et se sont établis en Egypte ou aux Etats-Unis. Dans toutes les difficultés, que nous rencontrons ainsi en Syrie, cherchez l'Anglo-Saxon.

L'action de ces mécontents n'atteint d'ailleurs pas les grandes masses. Le peuple syrien est, ou bien indifférent au régime politique sous lequel il vit, ou profondément attaché à ceux qui l'ont délivré de la tyrannie et de la corruption turques et lui ont permis de travailler enfin dans le calme et la sécurité.

Après une dernière promenade en voiture, au cours de laquelle nous visitons la maison d'Ananie, du disciple du Christ qui fut chargé d'instruire saint Paul après sa conversion, et un déjeuner expédié rapidement à l'hôtel, nous partons pour Homs. Nous avons 190 kilomètres à parcourir en auto, d'abord sur une route poussiéreuse et sous un soleil de plomb et puis sur une simple piste, terriblement accidentée. Le voyage, bien qu'au sortir des jardins de Damas il se déroule presque tout le temps dans le bled, n'en est pas moins très intéressant. Dès qu'une source jaillit au fond d'un vallon, un village se dresse, blanc ou rose, au milieu de riches plantations.

. Nous nous arrêtons à Nbeck, une grosse com-

mune de 6.000 âmes, dont les maisons à terrasses
s'étagent sur une colline. Autour de la source
principale et sous un arbre séculaire, tous les notables sont assis en rond. On palabre, on prend
des photographies, on consomme des limonades
fraîches et du café turc. Cette demi-heure d'arrêt
est une oasis dans cette journée... désertique.

Nous traversons encore une demi-douzaine
d'autres villages, les uns fortifiés, les autres abandonnés. Les habitants, tantôt syriens, tantôt bédouins, sont massés sur le bord de la route et
battent des mains sur notre passage. Nous rencontrons encore de vastes campements de nomades, qui poussent de vigoureux you-you.

La route est gardée par des gendarmes à cheval,
de kilomètre en kilomètre. Dans chaque automobile on a placé des carabines et des revolvers.
Je soupçonne le général Gouraud d'avoir voulu
nous donner un petit frisson de terreur pour
corser nos impressions de voyage. Le brave lieutenant Rouyer qui, depuis que le chef de cabinet
du général, M. P. Liautey, a été terrassé par une
crise de paludisme, a pris avec tant d'énergique
courtoisie la direction de la caravane, nous assure, en souriant, que les régions que nous traversons sont, depuis de longs mois, entièrement
pacifiées.

Par contre la piste, que nous suivons, est à
peine dessinée et nos voitures soulèvent de tels
nuages de poussière qu'il devient bientôt nécessaire de laisser entre elles des espaces de 2 à

300 mètres. Malgré cette précaution, comme malgré les cache-poussières et les foulards dont nous sommes enveloppés, nous devenons tous méconnaissables, sous l'enduit gris qui nous recouvre des pieds à la tête. Seul l'excellent docteur Vitoux se tire avec avantage de l'épreuve. Il s'est procuré à Damas un costume de Bédouin, qui le drape à ravir et dont la couleur neutre s'harmonise fort bien avec le badigeon, qui défigure ses collègues. Il a raison, le bon docteur, On devrait toujours adopter le costume des pays qu'on parcourt.

La nuit est tombée lorsque nous arrivons à Homs, ville de 40.000 habitants, surtout commerçante et industrielle (on y tisse de belles étoffes de soie). Devant le bâtiment municipal, le mutessarif nous souhaite la bienvenue. Puis nous nous répartissons entre les deux hôtels de la ville. Celui où je loge s'appelle : Fleur de l'Oronte. Le nom est poétique, la construction neuve, le confort absent. Lavabo commun, chambres minuscules, pas de luminaire, mais accueil cordial. La population était massée dans les rues que nous avons traversées et nous a longuement acclamés. Nous sommes dans une cité musulmane de mœurs très rigides.

Depuis que nous avons quitté Aïn-Sofar, toutes

les femmes que nous rencontrons portent le même costume, une longue robe noire unie et sans ornements et sur la figure un voile noir, sans ouvertures, tellement épais qu'il est impossible de distinguer leurs traits à travers ce masque rigide. Fagotées de la sorte, elles font l'effet de spectres inquiétants qui glissent, plutôt qu'ils ne marchent, au milieu de la foule indifférente. On est tout surpris, quand, devant l'éventaire d'un marchand, on entend sortir des rires étouffés de dessous ces informes paquets d'étoffes funèbres. Mêmes les chrétiennes sacrifient à cette mode singulière, dès qu'elles sortent de leurs quartiers réservés.

La municipalité d'Homs avait organisé une grande réception en notre honneur dans le bâtiment encore inachevé du Sérail (lisez : de la mairie). Le dîner a été plus copieux que raffiné. Les viandes, les légumes et les friandises à la graisse de mouton pèsent lourdement dans nos estomacs. Après le repas, je m'entretiens avec un pope grec qui est (le croirait-on ?) vénérable de la Loge maçonnique. J'ai une discussion assez vive avec un fonctionnaire français qui, s'ennuyant dans ce pays sans distractions, ce qui est excusable, voudrait que l'occupation prît fin au plus tôt, ce qui est inadmissible.

Mes collègues se rendent encore, avant de se coucher, dans une grande salle où nos hôtes ont ogarnisé un concert fantaisiste accompagné de danses lamentables.

XIX

EN ROUTE POUR ALEP

Etat sanitaire de la Syrie. — Feroudjé. — Un pays qui ne change pas. — Ruches et pins de sucre. — Alep. — Une chanteuse arabe. — La femme musulmane. — Religions et sectes. — Le bouton d'Alep.

Alep, dimanche 1er octobre.

J'avais remarqué, hier soir, à notre arrivée à Homs, qu'on nous avait servi de l'eau fraîche, mais d'une propreté douteuse, dont nous avions corrigé le goût fâcheux en y versant quelques gouttes de raki, cette absinthe de mauvaise qualité que même les musulmans orthodoxes boivent avec délices. J'ai eu ce matin l'explication, hélas ! tardive, de cette particularité.

Toujours curieux des scènes de la rue, je m'étais installé de très bonne heure sur le balcon de l'hôtel. Voici ce que j'y vis. Un large bassin, entouré de murs, avec un plan incliné, qui y donnait accès. Des femmes et des enfants y descendaient, ayant de l'eau jusqu'à mi-jambes, et y remplissaient leurs cruches. Vinrent ensuite des paysans qui poussèrent leurs ânes et leurs chameaux dans le bassin et, tout en s'abreuvant, les animaux y barbotèrent longuement. Sans marquer le moindre dégoût, les porteurs d'eau, qui vendent à domicile le précieux liquide, puisèrent à même dans la mare (car c'en était devenu une) pour faire le plein de leurs outres. Enfin (Dieu me pardonne !) je vis des gamins qui augmentèrent le volume de la source en s'y soulageant. Voilà ce que boivent les habitants d'Homs ! Voilà ce que nous avions bu nous-mêmes !

Voici maintenant ce qu'on mange en Syrie. Le pain est médiocre. Il se présente sous forme de galettes rondes et plates, dont la pâte a une couleur grise. Un meunier français a établi une minoterie mécanique à Damas. Cet exemple devrait être suivi ailleurs. La farine indigène, extraite par des procédés primitifs, se prête mal à une bonne panification. Et puis il y a les mouches. J'ai passé aujourd'hui devant la devanture d'un boulanger. Les galettes de pain disparaissaient littéralement sous une couche épaisse d'insectes, qui devaient, de toute nécessité, y ajouter les « condiments » les plus dangereux.

A ce propos on nous dit que l'état sanitaire de la Syrie laisse beaucoup à désirer. Il n'y a pas lieu d'en être surpris. Le service de santé est encore insuffisant. La tuberculose, le paludisme et la malaria, la dysenterie et l'entérite exercent les plus grands ravages dans les villes malpropres, dont beaucoup sont encore dépourvues de conduites d'eau. Le Haut-Commissariat, puissamment secondé par les Congrégations religieuses, multiplie les hôpitaux et les dispensaires. Il ne peut cependant pas suffire à tous les besoins. Les facultés de médecine de Beyrouth et de Damas forment un corps de médecins et d'officiers de santé, qui est déjà très considérable, mais qu'on devra renforcer. Et puis il faudra, surtout dans les écoles, enseigner aux enfants les règles élémentaires de l'hygiène. L'avenir de la race, le recrutement de la main-d'œuvre dépendent de ces réformes.

Les Jésuites dirigent un collège peu fréquenté dans la ville musulmane. Quelques Sœurs tiennent une pauvre école fréquentée par 150 fillettes. C'est tout. J'ai dit la messe dans l'église misérable des bons Pères, qui m'ont demandé instamment de leur faire envoyer quelques livres de lecture pour leurs élèves.

Quelques membres de la mission ont accepté de se rendre à Féroudjé, curieux village complètement catholique, véritable îlot perdu dans la mer musulmane. Ils sont revenus enchantés de leur excursion. Ils ont trouvé, auprès de la population, un accueil enthousiaste et ils ne tarissent pas d'éloges sur la belle tenue des hommes, sur la beauté des femmes, qui circulent à visage découvert, et sur la cordialité de la réception au Sérail, où, accroupis, à la mode turque, sur d'épais tapis, ils se sont restaurés en contemplant une chromo du Sacré-Cœur, seule décoration de la salle de délibérations de l'assemblée municipale. Dans la vieille petite église de Féroudjé, on leur a montré de précieuses antiquités chrétiennes. Tout cela à cinq kilomètres d'Homs, la fanatique !

Nous traversons une dernière fois les rues malpropres, mais bordées de boutiques, où se vendent de riches brocarts de soie et d'or, et les plus beaux fruits que nous ayons vus jusqu'ici. Homs, point terminus de la ligne, qui s'amorce au port de Tripoli et qui vient y rejoindre le chemin de fer reliant Damas à Alep, a un commerce très prospère et une clientèle nombreuse.

J'ai croisé ce matin, dans la rue, l'apôtre saint Jean, comme, avant-hier, j'avais vu la Samaritaine près d'un puits. James Tissot a eu raison, dans ses « Evangiles », d'habiller le Christ et ses contemporains comme le sont encore les Syriens d'aujourd'hui. Rien ne s'est transformé en Orient où le temps n'existe pas.

Ne m'a-t-on pas raconté l'amusante histoire que voici : des touristes avaient fait l'ascension du Liban pour voir ce qui reste des cèdres dont parle la Bible. Quand ils furent arrivés devant le maigre bouquet d'arbres plusieurs fois séculaires qui, sur un petit monticule, abrité dans un vallon, atteste seul encore les gloires de l'ancienne forêt, l'un d'eux ne put retenir un cri d'indignation :

— Mais qui donc a commis le crime de déboiser ces majestueuses montagnes ?

— C'est Hiram, répondit simplement le guide arabe.

Hiram ! l'architecte du temple et du palais de Salomon. L'Oriental en parlait comme s'il s'agissait d'un vandale de la dernière guerre. 3.000 ans, qu'est-ce que cela pour les habitants du pays qui n'avaient pas, depuis lors, trouvé le temps de réparer le désastre ?

Autre remarque. On ne comprend bien les paraboles de l'Evangile qu'en parcourant la terre où elles sont nées. Prenons, par exemple, la parabole du Semeur. La piste qui, ici, tient lieu de route, empiète sur les champs. On s'explique donc que le semeur jette une partie de son grain sur un terrain où il pourra être foulé par les passants. Les champs sont encore remplis de grosses

pierres que le cultivateur négligent n'a pas en-
levées. Les semences, qui tombent sur ces corps
durs, ne germeront pas. Le Christ se servait ainsi
d'images familières à ses auditeurs, mais plus
difficilement compréhensibles à ceux qui ne connaissent pas l'Orient.

A onze heures nous partons pour Alep. Nous
abandonnons nos autos. C'est par train spécial
que, cette fois, nous voyageons. Les directeurs
de la Compagnie nous accompagnent. Ils ont
pourvu à l'alimentation de la colonne qui, suant
à grosses gouttes, est empilée dans les wagons
surchauffés. Depuis que nous avons quitté
Naples, le ciel est sans nuages et le soleil sans
pitié. A l'ombre, le thermomètre grimpe régulièrement jusqu'à 40 degrés. Il doit en marquer
davantage dans les étuves où nous sommes par-
qués et où la réverbération des plaines sablonneuses incandescentes ajoute à nos tourments.

J'occupe, avec Lenail, deux autres de nos compagnons et les directeurs, le wagon-salon, à
grandes glaces, qui est en queue du train, ce qui
nous permet d'avoir constamment une vue d'ensemble sur le paysage. Celui-ci est très varié. Ce
sont tantôt des collines granitiques entièrement
dépourvues de toute verdure, tantôt de riantes
oasis, tantôt des plaines cultivées, mais qui, à
cette époque de l'année, sont aussi pelées que le
désert.

Les stations sont rares. Nous marchons d'ailleurs à petite vitesse. La ligne a dû être complètement refaite au cours des deux dernières années. En se retirant, les Allemands et les Turcs avaient tout saccagé, enlevé les rails, détruit les travaux d'art, démoli les gares.

Les campements de Bédouins sont nombreux dans la région. Dès que les nomades aperçoivent la fumée du train, ils accourent en foule, adultes peu vêtus, enfants complètement nus, et ces corps de bronze sont secoués de mouvements presque épileptiques, tant la joie qui les agite est intense.

Après Hama, les constructions villageoises affectent une forme étrange. Imaginez-vous des agglomérations de ruches d'abeilles ou de pains de sucre d'un blanc éblouissant, se détachant en taches lumineuses sur le sol rougeâtre. Comment des êtres humains peuvent-ils vivre dans ces bâtisses, qui n'ont d'autre ouverture qu'une porte très basse. Il doit faire très frais sous l'épais torchis dont sont faites les épaisses parois, mais aussi très sombre.

Curieux encore, les noms de ces villages, qu'un interprète nous traduit : colline des chats, des puces (je te crois), des diables, mère des chameaux (on en voit d'innombrables), de la fièvre, mère des diables, pays des nains, guerre des âmes, etc.

Nous assistons à un curieux phénomène, celui du mirage. A l'horizon, nous voyons la mer au-dessous des montagnes. Or nous savons qu'elle n'y est pas.

On est industrieux dans cette région qui est une des plus riches de la Syrie. D'énormes norias (il y en a qui ont jusqu'à vingt mètres de diamètre) font remonter l'eau de l'Oronte et des ruisseaux dans des canaux qui la répartissent judicieusement dans les campagnes.

Vers quatre heures, nous voyons se profiler les belles lignes de la citadelle d'Alep. Puis c'est la ville tout entière avec ses vastes établissements publics, ses minarets et ses clochers, qui se dessine blanche et rose. Quand nous entrons en gare, une compagnie de soldats syriens présente les armes. La musique exécute la *Marseillaise*.

Le général de Lamothe est là avec son état-major. Les présentations ont lieu, puis chacun rejoint ses quartiers par automobile.

Nous logeons, Lenail et moi, chez le général, dans une vaste bâtisse sans caractère architectural, mais richement aménagée. La grande galerie centrale est remplie de souvenirs marocains, tapis, canapés, panoplies, qui semblent être chez eux, en ce coin reculé de la Syrie musulmane.

Kiamil Pacha el Khoudsi, gouverneur d'Alep, a invité la mission et les autorités de la ville à un grand dîner, qui est servi dans une sorte de

hall, ouvrant sur un maigre jardin. Les murs
de la salle vitrée sont couverts de draperies aux
couleurs éclatantes. Deux cents convives s'y trouvent réunis, tandis qu'une grande foule se presse
aux portes et aux fenêtres. C'est que, pour nous
honorer, le gouverneur a fait venir, à grands
frais (on parle d'un cachet de 3.000 francs), la
plus célèbre chanteuse arabe, de retour d'une
tournée triomphale en Egypte.

Sur l'estrade, qui occupe le fond du hall,
l'idole paraît, le visage découvert, le cou et les
mains chargés de bijoux, le corps drapé en des
soies de couleur sombre. Elle s'assied. Quatre
joueurs de cithares prennent place à côté d'elle
et se mettent à gratter avec frénésie les cordes
de leurs instruments sans quitter des yeux la
chanteuse. De temps en temps, les mains de
l'artiste s'agitent. Puis elles retombent d'un geste
las. Le souffle de l'inspiration n'a pas encore
passé sur elle. Les citharistes s'échauffent davantage, ils poussent des cris inarticulés comme des
piqueurs qui excitent une meute. Enfin la chanteuse se lève, et c'est alors une interminable mélopée, d'un rythme bizarre, qui s'échappe de ses
lèvres. La voix est belle, mais sans « école ». La
mélodie ressemble vaguement au chant des
psaumes dans nos églises, mais avec des changements de tons qui surprennent, des roucoulades
qui ahurissent. Nos voisins arabes et le public,
qui s'écrase dans le jardin, sont en extase. Nous
ne comprenons rien, nous autres, pauvres Euro-

péens, à cet enthousiasme qui n'a rien de com-
municatif. Il paraît que c'est le duo de *Roméo et
Juliette* que l'artiste exécute. Le ministre, auprès duquel je suis assis, me l'affirme ; mais
comme il me fait l'effet d'un remarquable pince-
sans-rire, je n'accepte le renseignement que sous
bénéfice d'inventaire.

La conversation que j'ai avec mon voisin est
plus intéressante. Voici le résumé de ses cu-
rieuses déclarations :

— Je ne suis pas marié. Chez nous, il est
d'usage de négocier les unions matrimoniales
entre parents et amis des futurs conjoints. C'est
une sorte de marché, auquel le principal intéressé reste étranger. Pas de fiançailles, avec entre-
vues discrètes entre ceux qu'on destine l'un à
l'autre. L'affection viendra peut-être plus tard.
Rien cependant n'est moins certain. Si elle ne
vient pas, les convenances seront du moins
sauves et les traditions, respectées. Je n'ai pas
voulu courir ce risque, moi qui ai vécu longtemps à Paris. J'ai vu tant de ménages mal as-
sortis que les maris désertaient, parce qu'ils n'y
trouvaient ni les satisfactions de l'esprit, ni celles
du cœur. Il est vrai que la loi musulmane faci-
lite le divorce ; mais ceci ne corrige pas cela.

Et mon interlocuteur d'ajouter :

— Avez-vous remarqué que, dans les rues et
dans les cafés, nous sommes toujours entre
hommes. Chez vous la femme est l'égale de son
mari et de ses fils. Sa présence, dans les salons

et dans tous les lieux de réunion, vous impose une grande retenue. Vos conversations sont plus policées, vos attitudes plus réservées. Vous surveillez vos paroles et vos gestes. Vous cherchez à plaire. La jeune fille et la femme sont ainsi vos éducatrices. Elles vous obligent, par leur seule présence, à éviter les sujets irritants, à parler d'art et de littérature, quand ce n'est pas de ces frivolités qui sont comme le duvet de l'esprit. On n'apprend à causer que dans ces sociétés mêlées et c'est encore là seulement que le cœur arrive à se placer en valeurs solides.

« Chez nous, au contraire, la femme est, dès sa première jeunesse, reléguée dans le harem et ne s'aventure dans la rue que voilée. Jamais elle ne parle à un autre homme qu'à son mari, à ses frères et à quelques fournisseurs. Quand nous sortons de nos maisons, nous ne frayons donc qu'avec des gens de notre sexe et nos entretiens ne roulent que sur nos affaires, les potins de la ville et la politique. Nous ne savons pas causer. N'avez-vous pas été frappé, depuis que vous parcourez l'Orient, par les longs silences, en apparence méditatifs, de ceux qui, dans les cafés, fument ensemble leurs narguilés pendant de longues heures ? Que voulez-vous que ces braves gens, qui se voient tous les jours, se disent ? A moins qu'un événement extraordinaire (il s'en produit si peu dans ce pays, où le fatalisme a depuis longtemps préparé les hommes à ne plus s'étonner de rien) ne vienne surexciter les esprits

LE SCHEIK SALEH PREND CONGÉ DU GÉNÉRAL GOURAUD.

apathiques, l'Arabe se laisse doucement bercer par ses paresseuses rêveries. En faisant de la femme un objet de luxe, que son propriétaire cache aux yeux de tous, la loi coranique a condamné nos intelligences à une paralysie progressive dont souffre toute notre vie publique et sociale. »

Mon voisin s'est longuement étendu sur ces considérations moroses. Il a d'ailleurs fini par reconnaître que, pour opérer les transformations qu'il souhaite dans la famille musulmane, une longue et lente préparation sera nécessaire. Ce n'est que dans les écoles françaises que la jeune fille arabe, maintenue jusqu'ici dans une profonde ignorance, pourra se former à la vie de l'esprit et apprendre à jouer un rôle plus actif dans la vie nationale. Une trop grande liberté, succédant à un esclavage séculaire, provoquerait, sans aucun doute, les pires débordements. Et puis, il faudra vaincre les résistances des anciens, qui s'insurgent contre toute nouveauté et qui sont enclins à confondre de simples usages avec les dogmes les plus rigides.

D'autres entretiens que j'eus, après le dîner, avec des musulmans et des chrétiens, j'ai pu conclure que, dans la région d'Alep, les sympathies pour la Jeune-Turquie sont plus vives qu'à Damas. Le chemin de fer de Bagdad est tout proche de la ville. Le Koweyk, dont les eaux fécondent la région, a sa source dans le massif montagneux de la Cilicie. Si les Turcs fermaient la frontière aux marchandises alépaines, le commerce local péricliterait. Sans doute Mustapha Kémal a promis à M. Lenail de ne pas créer de barrière douanière en face d'Alep et les conventions intervenues depuis lors semblent indiquer qu'il a voulu tenir parole ; mais l'inquiétude est encore grande et l'avenir paraît incertain.

La prospérité d'Alep dépend également en partie de l'aménagement du port d'Alexandrette. Damas peut écouler ses produits sur Beyrouth, Homs sur Tripoli. Les habitants d'Alep se croiraient ruinés s'ils ne disposaient pas d'un débouché sur la mer. Ne sont-ils pas sur la route qui rattache à la Méditerranée l'hinterland pétrolifère de Mossoul ?

Que de problèmes économico-politiques les rivalités des anciens vilayets turcs de Syrie posent au Haut-Commissariat et combien il sera difficile d'accorder tant d'intérêts contraires !

Et puis il y a ici, comme partout ailleurs, le problème religieux. Je ne crois pas qu'il existe au monde un autre pays où tant de religions et de sectes se disputent, depuis des siècles, la domination des esprits, et où la juxtaposition de croyances si diverses ait moins émoussé la ferveur de leurs adeptes. Les musulmans sunnites, c'est-à-dire ceux qui sont soumis au Khalifat de Constantinople, forment sans doute la majorité dans les Etats d'Alep et de Damas, comme les catholiques maronites et melchites sont les plus nombreux dans le Liban.

Mais que de groupes rivaux ont surgi à côté des premiers : Chiites, Zeïdistes, Wahabites, Noucaïrés, Ismaéliés, Druses ! Combien de dissidents ont surgi en face des seconds : Grecs orthodoxes, Chaldéens, Nestoriens, Syriaques, Grégoriens, jusqu'à ces Bobistes, dont les dogmes forment le plus invraisemblable mélange d'enseignements évangéliques et coraniques ! On compte vingt-neuf religions connues sur le territoire syrien.

Or, ce qui fait la continuité et la puissance de croyances, souvent séculaires, c'est la commune origine des fidèles, même dispersés, de chaque secte. De là l'étonnante confusion entre le dogme, traditionnel dans la famille et le nationalisme de la race, et la difficulté qu'on rencontre à remplacer des patriotismes religieux opposés par un patriotisme étatique commun à tous. De là également, pour permettre à ces groupements hostiles de se retrouver enfin dans le culte de la Patrie unique, la nécessité d'un pouvoir central indépendant et impartial, comme aussi d'une formation identique et moderne des futures élites.

Kiamil Pacha est un ancien général turc, qui fut aussi un partisan de Fayçal. Actuellement il fait excellent ménage avec les autorités françaises. Intelligent et sceptique, il a accepté tous les faits accomplis et servi, avec le même loyalisme, tous les gouvernements. Le général de Lamothe semble le tenir en haute estime.

Hélas ! le pauvre gouverneur souffre d'un mal très répandu dans la région : le bouton d'Alep, éruption tenace de grosses pustules violettes qui envahit tout le corps. Une autre maladie plus bénigne, la dingue, afflige la population. Elle consiste en un accès de fièvre violente, qui dure environ dix jours et qui met les malheureux qu'elle atteint presque subitement dans un état de prostration complète. Le ciel nous en préserve !

XX

L'ŒUVRE DES MISSIONNAIRES

Visite des écoles. — Soukhs et palais. — Au cercle militaire.
La conquête de la Syrie.

Alep, lundi 2 octobre.

Alep est une ville de 260.000 habitants. Abraham s'y arrêta, raconte la légende, avec ses troupeaux. Je l'ai déjà dit, le temps n'existe pas en Orient. Les Alépins tiraient jadis un coup de canon à cinq heures de l'après-midi pour rappeler qu'à ce moment de la journée le patriarche avait trait sa vache sur la colline (d'ailleurs en partie artificielle) que domine la citadelle.

Très curieux le formidable château-fort qui s'étage en terrasses successives sur l'énorme monticule et auquel on accède par un large couloir voûté et coudé. Du haut de l'esplanade, on a une vue splendide sur la vieille cité, dont les palais ont grand air et que d'énormes cimetières encadrent. Les habitants en sont très fiers. « Un jour passé hors d'Alep est un jour qui ne compte pas dans la vie », dit un de leurs poètes.

A ce compte-là notre vie sera courte, puisque nous ne passerons ici que deux jours.

Notre programme d'aujourd'hui est très compliqué. Nous sommes obligés de former deux colonnes pour nous en acquitter. Tandis que, sous la direction de M. Bakkache, directeur des services économiques, la première se rend dans les souks et les kans merveilleusement achalandés de la ville, je visite, en compagnie de MM. Ged et Clerget, les principaux établissements scolaires. M. Combes, directeur de l'enseignement, nous sert de guide. M. Ged est né en Syrie et il parle l'arabe. Cela lui permet de prononcer, dans les classes que nous visitons, quelques courtes allocutions, que les élèves applaudissent bruyamment. Chez les Frères des écoles chrétiennes, trois élèves nous donnent, sur une scène improvisée, une représentation très réussie de la scène de l'*Avare*, de Molière : « Qu'allait-il donc faire dans cette galère ? »

Le collège des Franciscains est fort bien aménagé ; mais le personnel enseignant se compose en grande partie d'Italiens et de Hollandais. Pour la première fois nous rencontrons là des enfants qui parlent notre langue avec difficulté. Une fois de plus la preuve est faite de la nécessité de faciliter leur recrutement à nos congréganistes français.

D'un rapport de l'inspecteur des écoles, j'extrais le passage suivant :

« Toutes les écoles (officielles et privées) sont confessionnelles ; la laïcité, au sens où nous l'entendons en France, est inconnue ici. Les écoles officielles sont musulmanes ; les écoles privées sont chrétiennes, israélites ou musulmanes. Parmi les écoles chrétiennes il faut bien se garder de confondre les rites catholiques latins, maronites, arméniens, grecs ou syriens, protestants. Mais si la direction de ces écoles prend soin jalousement de leur conserver leur caractère confessionnel, on y admet volontiers des élèves de confessions ou de rites différents. On trouve de nombreux musulmans (garçons et filles) dans les écoles chrétiennes, et des israélites un peu partout.

« Evidemment, la présence dans une même école d'élèves de religion différente a rendu nécessaires certaines dispositions. Ainsi le collège de Terre-Sainte d'Alep a un dortoir spécialement affecté aux élèves musulmans ; ceux-ci sont dispensés des cours d'instruction religieuse et suivent, à la place, des cours de morale. Les fêtes religieuses, avec les congés qu'elles entraînent, constituent un obstacle assez sérieux à la régularité des études. Le repos hebdomadaire, fixé au vendredi pour les musulmans, au samedi pour les israélites, au dimanche pour les chrétiens ; le

Ramadan des musulmans, avec ses trente jours
de jeûne et la suppression des classes de l'après-
midi, les Pâques catholiques dont la date ne cor-
respond ni avec celle des Pâques orthodoxes, ni
avec celle de la Pâque juive, les nombreuses
fêtes israélites, qui occupent presque tout le mois
d'octobre, rendent impossible pour le moment,
et sans doute aussi pour longtemps, l'établissement de l'école à la française, laïque et neutre,
avec ses congés uniformes. »

Nous rejoignons le premier groupe au pied de
la citadelle, où des « artistes » indigènes ont organisé une représentation en plein air, danses, ca-
valcade et exercices de prestidigitation. Le spectacle amuse beaucoup la foule qui s'est amassée
sur la grande place ensoleillée. Il a pour nous le
seul attrait de la nouveauté.

A une heure, l'inévitable banquet, dans le
même local qu'hier au soir, suivi des mêmes inévitables discours en arabe et en français. Lenail
est plus éloquent que jamais ; mais combien je
le plains de parler dans cette salle surchauffée !
Un religieux français nous surprend par la faci-
lité prodigieuse avec laquelle, sans une note et
de simple mémoire, il traduit, sans oublier un
seul mot, les harangues qu'il vient d'entendre.
C'est S. E. Soubhi-Barakal, président de la Fédération syrienne, qui est l'amphitryon aimable et

souriant de cet abondant repas. Il est assis entre Mme Rondet-Saint et Mme Ged. Les Arabes semblent estomaqués de cette infraction flagrante aux règles du protocole musulman.

L'après-midi est employé à une promenade à travers les rues de la ville, où les constructions de vieilles maisons élégantes et cossues abondent.

Le général de Lamothe nous a confiés, Lenail et moi, à un soldat syrien, originaire d'Alep. Notre guide grimpe à côté du cocher et nous fait traverser des souks. Je mentirais si je disais que le brave garçon ait été, vis-à-vis de ses compatriotes, d'une prévenance excessive. Nous sommes obligés plusieurs fois de modérer son zèle, quand des embarras se produisent et que, conscient de sa haute mission, il bouscule un peu rudement les ânes et leurs maîtres pour faire place aux hauts personnages que nous sommes.

Le Syrien connaît les bonnes adresses. Il manœuvre de manière à nous conduire dans un magasin de soieries, dont le propriétaire doit être de ses parents. Il se joint au marchand pour faire l'article et réussit à alléger sérieusement nos porte-monnaie.

J'achète encore des cartes postales illustrées. D'où peuvent-elles bien venir ? Leurs couleurs sont à ce point rutilantes que je parierais bien qu'elles sont d'origine allemande.

Nous nous arrêtons encore quelques minutes dans une école professionnelle arabe. L'installation ne laisse rien à désirer. Je suis surtout frappé par l'élégante architecture du palais (car c'en est un) où l'école a trouvé asile. Ici, comme à Damas, les plus somptueuses habitations se dissimulent derrière des façades lépreuses. Rien ne révèle, dans la rue, les splendeurs de l'aménagement intérieur, la cour dallée, la grande vasque de marbre, les salles de réception, aux murailles cloisonnées de vieilles céramiques, avec un podium surélevé, garni de divans et de riches tapis, tout ce luxe délicat, dont les Orientaux savent parer le mystère de leurs demeures fermées. Dans l'école, où on nous accueille avec toutes les prévenances de l'hospitalité syrienne, les élèves s'entraînent surtout au tissage des tapis de la région, où les teintes neutres prédominent.

A cinq heures, réception à la municipalité avec conférence. A sept heures, dîner en plein air dans la cour de la résidence du général Lamothe. Deux gazelles apprivoisées circulent autour des tables et se régalent des cigarettes de tabac blond que nous leur offrons et qu'elles broutent avec délices.

La soirée se termine au Cercle militaire. Un officier nous donne une conférence du plus haut intérêt sur les opérations de la campagne de

Cilicie et de Syrie. La fanfare des spahis, la nouba des marocains et la musique de la légion syrienne nous donnent ensuite un concert auquel nous assistons du haut des fenêtres et des balcons du Cercle. Une foule énorme s'est massée dans la rue pour entendre et applaudir nos braves troupiers.

Faut-il rappeler rapidement les durs sacrifices que la France a dû consentir pour arriver à pacifier le pays et y établir, non pas sa domination, mais la prédominance de sa civilisation humaine et bienveillante ?

Quand le général Gouraud débarqua sur la côte libanaise en novembre 1919, les Anglais venaient de décider que leurs troupes évacueraient la Syrie. En se retirant précipitamment (était-ce une simple distraction ?) ils oublièrent de vider leurs dépôts d'armes et de munitions, qui étaient abondamment pourvus. Leur protégé, l'émir Fayçal, s'en empara et put ainsi équiper ses partisans.

L'Angleterre avait, en effet, au lendemain de l'armistice, essayé de réaliser le rêve audacieux d'un de ses coloniaux les plus entreprenants, le colonel Lawrence : la création d'un immense empire arabe, comprenant le Hedjaz, sous la domination de l'émir Hussein, la Syrie, la Mésopotamie et la Transjordanie, sous celle de ses deux fils, Fayçal et Abdullah.

Aussi, quand le général Allenby arriva aux portes de Damas, attendit-il, avant d'y pénétrer, l'arrivée de Fayçal, qu'il installa dans la ville syrienne comme le représentant officiel des puissances alliées.

L'émir Fayçal, Bédouin ambitieux, intrigant et retors, servile vis-à-vis des forts, brutal et sanguinaire vis-à-vis des faibles, vénal partout et toujours, s'était mis, comme son père, à la solde de l'Angleterre, qui lui servait d'abondants subsides et combattait sournoisement la France, surtout depuis le jour où, instruite de ses intentions hostiles, elle avait cessé de le subventionner elle aussi.

Par ses manières insinuantes, ses promesses fallacieuses et contradictoires, cet Arabe malhonnête s'était d'abord assuré les bonnes grâces de membres de la Conférence de la Paix. De ses voyages à Paris et à Londres, il avait rapporté une sorte de mandat qui, tout en le maintenant sous une vague dépendance de la France, lui assurait l'exercice effectif du gouvernement en Syrie. C'est alors qu'il démasqua ses dernières batteries.

Les cinq divisions anglaises ayant quitté le territoire dont la France se voyait confier la garde, le général Gouraud se trouva contraint, avec les 8.000 hommes dont il disposait, à les remplacer.

En même temps, il dut prêter aide et assistance aux contingents que nous entretenions en Cilicie, sur un front très étendu et qui étaient constamment harcelés par les bandes turques et même par les troupes régulières de Mustapha Kémal.

Il fallait à tout prix maintenir le contact avec ces postes disséminés dans la montagne. Pour cela, l'utilisation de la ligne de chemin de fer Rayack-Alep était indispensable. Or Fayçal occupait cette ligne et refusait de la mettre à la disposition du général Gouraud. De plus, l'émir venait de se faire proclamer roi de Syrie, ce qui, indirectement, impliquait son complet affranchissement de notre tutelle.

. Le général Gouraud, qui venait de recevoir de France quelques maigres renforts (9 bataillons d'infanterie, deux batteries de 105 et une escadrille d'avions) envoya un ultimatum à Fayçal. Celui-ci fit semblant de l'accepter, puis il le repoussa violemment et fit avancer ses troupes vers l'ouest.

C'est dans la montagne de Coelésyrie, à Kahn-Meisseloun, que les deux armées se rencontrèrent. La bataille fut chaude. Elle se termina par une éclatante victoire française. Nos troupes entrèrent dans Damas sans coup férir. Fayçal, espérant tromper une fois de plus ses adversaires, n'avait pas quitté la ville. Il fallut l'en expulser, et il se retira à Bagdad, où les Anglais le confirmèrent dans sa royauté de l'Irak.

Restait à liquider les opérations de Cilicie, où nos postes avancés avaient dû être évacués en plein hiver dans des conditions désastreuses. Le général Gouraud, que le général Duffieux secondait énergiquement, rétablit la situation et nos troupes s'emparèrent d'Aïn-Tab, après un siège de six mois. C'est après cette victoire que fut conclu avec Mustapha Kémal l'accord d'Angora qui, du côté de la Turquie, nous assurait la fin des hostilités et nous permettait de concentrer dorénavant tous nos efforts à la pacification du territoire de mandat.

XXI

UN JARDIN SUR L'ORONTE

« Donnez-nous des instituteurs ». — Hama. — Les roues
chantantes. — Un palais des Mille et une Nuits.

Hama, mardi 3 octobre.

Tandis que quelques membres de la mission
allaient, ce matin, visiter, avec M. Lenail, l'hôpital militaire d'Alep, je me suis rendu, avec les
autres, dans le grand bâtiment du Serail, où les
élèves de 25 maisons d'éducation de tous rites et
de toute nationalité, avaient été réunis sous la
conduite de leurs maîtres. Les enfants encombraient jusqu'aux escaliers Un « grand » nous
harangua. Je dus répondre. Puis on passa la
revue des petits, très éveillés, que l'inévitable
jour de congé mit en joie.

J'ai eu un long entretien avec M. Combes. Celui-ci ne tarit pas d'éloges sur le dévouement

éclairé des congréganistes. Il me fait la confidence suivante :

« Je suis partisan de la neutralité scolaire en France. Ici ce serait une absurdité. Un instituteur religieux nous coûte 2.400 francs dans les écoles que nous subventionnons, un instituteur laïque 50.000. Avec la même somme, je puis donc disposer d'un personnel congréganiste vingt fois supérieur en nombre au personnel laïque, qui, d'ailleurs, dans ces pays où la foi religieuse est encore si vivace, ne disposerait pas de la même influence. Malheureusement, nous sommes obligés de limiter, malgré tout, notre effort, parce que les ordres religieux manquent de sujets. »

C'est toujours la même plainte que nous entendons partout : « Donnez-nous des maîtres. » Toutes les écoles ont plus d'élèves qu'elles n'en peuvent contenir. On pourrait et on devrait, pour répondre aux vœux de la population, en créer de nouvelles. Hélas ! les Congrégations, bien qu'elles maintiennent en fonctions des maîtres qui ont depuis longtemps atteint l'âge de la retraite, arrivent à peine à maintenir les situations acquises. Quand donc le Parlement français, toujours si soucieux de l'expansion de notre langue, comprendra-t-il que l'anticléricalisme n'est pas un article d'exportation ?

A l'hôpital civil, tenu par des religieuses françaises et syriennes, nous constatons que les installations sont parfaites. Un ancien chirurgien militaire a la direction de l'établissement qui,

malheureusement, ne peut répondre à tous les
besoins d'une population qui apprécie chaque
jour davantage le dévouement éclairé de nos services sanitaires.

Après un déjeuner rapide chez le général de Lamothe, nous rejoignons la gare encadrée par les
troupes de la garnison, qui défilent ensuite devant
la mission. Nous refaisons maintenant à rebours,
en train spécial, le chemin d'Alep à Hama.

Dans cette dernière ville (70.000 habitants),
construite sur les bords de l'Oronte, le général
Gouraud nous rejoint. Le paysage dépasse en
splendeur tout ce que nous avons vu jusqu'ici.

Les jardins, les cultures maraîchères, les plus
luxuriantes frondaisons font au fleuve un cadre
pittoresque. C'est un véritable enchantement.
Sur les bords du fleuve, les habitations les plus
riches sont construites en pierre de taille et en
bois ouvragés. Du pont de l'Oronte, comme de
la terrasse où le mutessarif nous offre des limonades parfumées et du café oriental, la vue est
merveilleuse. Au premier plan, les grandes roues
hydrauliques, de vingt mètres de diamètre, que
le courant actionne jour et nuit et qui déversent,
en faisant entendre un chant de grandes orgues,
les eaux du fleuve dans des canalisations suréle-
vées. Et dans ce cadre féerique, la foule bariolée,
aux costumes éclatants. Rien ne manque au

charme de cette soirée, que le soleil couchant d'abord, la lune ensuite, colorent de leurs feux violets et bleus. Tous mes compagnons expriment leur admiration en termes dithyrambiques.

Je loge avec le général et M. Lenail chez un riche commerçant kurde, M. Barazi. Ma chambre aux fenêtres grillagées donne sur une grande terrasse qui domine toute la ville. C'est une nouvelle révélation de beauté. Ah ! que Maurice Barrès a eu raison de nous parler, avec tant d'enthousiasme, des jardins de l'Oronte !

C'est dans un palais des Mille et une Nuits, le Dar-el-Ulm, que nous avons dîné. Pour l'atteindre, nous avons dû traverser des ruelles étroites et irrégulières, entourées de murs de pierres sans fenêtres. Un corridor voûté et coudé nous a rappelé que les plus somptueuses demeures de ce pays étaient jadis d'inexpugnables forteresses. Puis, brusquement, nous est apparue la grande cour dallée au milieu de laquelle chantait un joyeux jet d'eau au milieu d'une vasque de marbre. La réception avait été organisée dans une salle, dont le plafond à caissons cloisonnés, les colonnes aux chapiteaux dentelés, les murs couverts de faïences précieuses, le sol disparaissant sous les tapis les plus riches, formaient un ensemble parfait.

J'ai à peine écouté les discours dont on nous gavait, à peine remarqué les plats fort bien apprêtés qui défilaient en longue série. Toute mon attention était retenue par ce décor prodigieux.

Cette soirée d'enchantement, je ne l'oublierai jamais.

Après le dîner, réception au Cercle militaire, puis, sur la terrasse supérieure du palais Barazi, longue et cordiale conversation avec la famille de notre hôte. Il est tard quand je me couche dans un lit de soie rose avec coussins brodés d'or, après avoir fait mes ablutions dans de superbes vases en cuivre repoussé. J'ai dû cependant éteindre ma lampe avant de me déshabiller ; car la terrasse, sur laquelle ouvrait ma fenêtre, était encombrée de domestiques et de soldats. Et puis, comment dirai-je ? il semble que les Orientaux ne sont pas des êtres de chair et d'os comme nous ; car c'est en vain que j'ai cherché sous le lit et sous le divan un vase humble, mais indispensable à la santé des Européens.

XXII

L'ANTIQUE LAODICÉE

Montagnes Ansariéh. — Massiaf. — La soumission du cheick Saléh. — Cadmous. — Banias. — Les Alaouïtes sont satisfaits. — Djéblé. — Lataquié. — Ce que sont les Alaouïtes.

Lataquieh, mercredi 4 octobre.

Réveil à six heures. Pendant le petit déjeuner thé, fruits et friandises arabes), je m'approche d'une fenêtre. Le général me rappelle à l'ordre. J'allais jeter un regard indiscret dans le harem. Nous remontons en auto et faisons le tour de la ville encore en partie endormie. Rendez-vous a été pris devant la gare d'où la caravane va partir pour les monts Ansarié, repaire des Alaouïtes. Les journalistes ont passé les dernières heures de la soirée dans des cafés. Ils en rapportent des impressions... mêlées.

Moktar (le Choisi), le plus jeune des fils de

M. Barazi, un charmant bonhomme de 13 ans, a revêtu le gracieux costume indigène et, monté sur un superbe pur-sang, il caracole autour des autos et nous accompagne jusqu'à la sortie de Hama. Le mutessarif nous donne la conduite jusqu'à la limite de son district.

Nous abordons la région montagneuse qu'habite la race étrange que les Turcs n'ont jamais pu soumettre et qui, il y a un an à peine, était encore en pleine insurrection contre nous. Aujourd'hui, le territoire des Alaouïtes est complètement pacifié, et, comme nous le dira tout à l'heure un grand chef, « une fillette de dix ans pourrait, en plein jour, transporter visiblement un kilo d'or à travers toute la région sans courir aucun risque ». C'est peut-être beaucoup dire et il vaudra mieux ne pas tenter l'expérience.

Le général nous fait inaugurer la magnifique route que les légionnaires ont construite et qui traverse tout le massif montagneux. Pendant toute cette journée, qui a été celle des réceptions, nous avons pu nous rendre compte de l'extraordinaire popularité du haut-commissaire. Partout où il paraît, la foule n'a d'yeux que pour lui. Des acclamations sans fin, auxquelles se mêlent les « you-you » stridents des femmes, massées sur les terrasses, saluent son arrivée. Dès qu'il se déplace, les Alaouïtes exécutent des galopades pour se retrouver encore une fois sur son chemin. C'est un vrai délire d'enthousiasme.

A Massyaf, au pied du prodigieux château-fort que construisirent les Khalifes et qu'occupèrent les Croisés, toute la commune est massée sur la place. Discours, sirop glacé, café, danses populaires, rien ne manque à la réception que nous écourtons.

A 1.100 mètres d'altitude, une scène imposante s'est déroulée aujourd'hui dans la solitude.

Une gorge étroite. Sur la route une section de légionnaires et, un peu plus loin, une cinquantaine de montagnards endimanchés. Sur la crête, des groupes de nomades gardant leurs troupeaux de moutons et de chèvres. En contre-bas, un bouquet d'arbres entre lesquels est tendue une toile à voiles. Sous cet abri, une table chargée de verres et dans l'eau d'une source quelques bouteilles de champagne. Quelques chaises. Voilà le décor.

Le général Gouraud s'assied. Les membres de la mission se groupent autour de lui. Un personnage grand, fort, de port très fier, la tête énergique portant un turban, se tient debout face au haut-commissaire.

La conversation s'engage.

Le général, s'adressant à l'interprète, dit :

— Rappelle-lui que, pendant trois ans, ses hommes ont tué nos soldats et rançonné le pays.

L'interprète traduit et le grand chef baisse la tête.

— Dis-lui maintenant que nous savons admirer la vaillance, que la France est généreuse et qu'elle oublie les injures passées, pourvu qu'elle puisse compter dorénavant sur le dévouement absolu de ses anciens ennemis.

Cette fois la figure de l'Alaouïte s'est éclairée d'un bon et large sourire. Il tend les deux mains vers le général et lui tient le discours suivant :

« J'ai longtemps cru que mon devoir était de sauvegarder l'indépendance de mon pays, que n'ont jamais pu soumettre, ni les Turcs, ni personne autre. Mais je vois que vous respectez nos croyances ; vous nous apportez par vos écoles le bienfait de la civilisation ; vous nous apportez le bien-être par l'établissement d'une route qu'on nous a de tout temps promise sans jamais nous la donner et que vous avez construite en quatre mois à travers nos montagnes escarpées ; vous nous avez apporté la sécurité et la paix ; aujourd'hui, une petite fille pourrait aller dans tout le pays, les mains pleines d'or, sans courir le moindre risque. Devant tant de preuves de ce que vous valez, je reconnais mon erreur. Vous pouvez désormais me compter parmi vos amis. »

Nous applaudissons. Les bouchons des bouteilles sautent, et c'est ainsi que nous fêtons, dans ce cadre sauvage, la réconciliation de la France avec le redoutable cheik Saléh.

A Cadmous, commune étrange, dont les maisons sont étagées sur un pic en pain de sucre du plus pittoresque effet, nouveaux discours, nouvelles danses, nouveàux rafraîchissements. De même à Banias.

Dans cette dernière ville, située sur le littoral, nous inaugurons le nouveau bâtiment du Sérail. L'éloquence officielle coule à flots, comme les limonades.

Le déjeuner est servi sous une tente. C'est la Société d'entreprises qui l'offre aux membres de la mission. Pour la première fois, nous sommes entre nous, sans hôtes syriens. Cela n'empêche pas les toasts de faire rage. Il paraît que l'air du pays exige cette débauche de discours. Au dessert, les danseurs arabes exécutent leurs exercices habituels, au son des aigres clarinettes et des grosses caisses assourdissantes.

Quand nous approchons de Djéblé, par une piste accidentée, des cavaliers nous attendent et exécutent une brillante fantasia. Sur une grande place, une estrade couverte d'étoffes rouges. Le général Gouraud et le général Billotte, administrateur du territoire des Alaouïtes, s'y installent avec les membres de la mission. Nous subissons de nouvelles harangues, mais combien différentes de celles que nous avons entendues jusqu'ici. Les Alaouïtes n'ont aucun désir d'indé-

BASILIQUE DES CROISÉS A TARTOUS.

pendance et d'autonomie. Ils n'aiment pas les Syriens, mais vénèrent la France. Heureux d'être fermement gouvernés, ils reconnaissent et proclament les hauts mérites du général Billotte. Que la France continue à leur apporter l'ordre, la tranquillité, des lois justes, une administration bienveillante. Ils en seront reconnaissants et sauront dire « merci ». Ah ! les braves gens !

Voici, à titre d'échantillon de cet état d'esprit, le discours du caïmacan (sous-préfet) (traduction de l'arabe) :

« Mon Général, Messieurs,

M. le président de la municipalité vient de vous souhaiter la bienvenue au nom de la ville de Djéblé. Permettez-moi de vous la souhaiter au nom du sandjak.

« L'année dernière, quand j'ai eu l'insigne honneur de vous recevoir à la municipalité de Lataquieh, je vous ai dit textuellement ceci : Oui, mon général, vous relevez le pays de ses ruines et Laodicée reviendra à son ancienne splendeur.

« Comme il m'est doux, aujourd'hui, de constater que j'ai été un prophète de bonheur. Le pays se relève rapidement de ses ruines. Là où les hommes pouvaient difficilement passer, les automobiles font entendre journellement le bruit de leurs moteurs. Des routes larges relient déjà les principaux villages les uns avec les autres et avec le littoral. Et chaque jour de nouvelles routes se créent.

« Le calme et la sécurité règnent dans tout l'Etat. Des écoles se créent en grand nombre. Une école d'agriculture et d'essais agricoles ouvrira, dans quelques jours, ses portes aux enfants de nos villageois, qui y apprendront les cultures pratiques et appropriées au pays.

« Quant à la ville de Lataquieh, vous allez en juger demain par vous-mêmes. Ce gros village, comme l'appelaient naguère nos voisins, et qu'aucun voyageur ne daignait visiter, préférant rester à bord de son bateau, est en train de devenir l'une des plus belles villes de la côte. Des rues superbes le sillonnent, une promenade ravissante longe la mer, l'éclairage électrique l'illumine le soir, l'aménagement du port et tant d'autres améliorations, telles que l'adduction des eaux de Difé, qui donnera à la ville une boisson saine et permettra la création de beaux jardins, sont en voie d'exécution.

« Tout cela en une année ! Ne dirait-on pas un conte des Mille et une Nuits ? Pour moi, ce merveilleux résultat, nous le devons à deux facteurs : le premier est que vous avez eu, mon général, la main excessivement heureuse en confiant la direction de notre pays au sage administrateur, au magnifique soldat qu'est le général Billotte. Il ne me sied pas de faire son éloge, il faudrait des personnalités autrement douées que moi pour être à même de bien apprécier ses vues profondes et à longue portée.

« Le second facteur consiste en ce que, malgré

notre simplicité, et, si vous voulez, notre igno- rance, *nous avons pu voir plus clair que tous nos voisins. Nous avons laissé en tout le soin de nous guider à ceux qui sont venus spécialement pour cela et pour notre bonheur, nous n'avons pas eu l'orgueilleuse prétention de vouloir donner, nous, encore petits écoliers, des leçons à nos professeurs.*

« Tout le monde, dans notre Etat, se félicite devant les beaux résultats obtenus, d'avoir marché dans cette voie de confiance dans ses dirigeants. Et si, par hasard, vous entendez quelques voix s'élever contre cet état de choses, cela provient, soyez-en certain, de personnes dont le seul but est d'en retirer un profit per- sonnel et qui ont toujours eu l'habitude de pêcher en eaux troubles.

« Je termine en présentant nos hommages aux éminents personnages qui vous entourent et mes chaleureux remerciements à la France qui, dans sa sollicitude pour la Syrie, n'a pas hésité à nous envoyer l'élite de ses enfants pour semer parmi nous l'amour de la justice et du travail.

« Monsieur le ministre (saluez, Lenail, c'est à vous que le caïmakan s'adresse), ce n'est pas seu- lement depuis la guerre, que l'action du gou- vernement se fait sentir ici. Depuis des siècles, vous êtes connus ici et vos représentants ont su faire aimer et respecter la France.

« Monsieur l'abbé Wetterlé, nous vous connais- sons aussi depuis très longtemps. Votre nom est chez nous synonyme de vrai patriotisme et de foi en Dieu pour les justes causes.

« Et vous, messieurs, nous fondons, sur votre venue parmi nous, de grands espoirs. Nous souhaitons que vous remportiez de notre pays une bonne impression que, grâce à vous, la Syrie soit connue en France sous son vrai jour et que vous nous aidiez ainsi pour le relèvement moral, économique et industriel de notre pays.

« Pour vous, mon général, je ne vous dirai que ces mots : Soyez béni ! Messieurs, Vive la France! vive la Syrie! vive l'Etat des Alaouïtes! »

Après les danses exécutées par des acteurs grotesquement costumés, une compagnie de troupes syriennes défile devant la tribune, beaux hommes vêtus de coutil kaki, qui ont l'allure très martiale, mais dont on nous dit que l'esprit militaire leur fait encore un peu défaut. Il faudra encore quelques années de patients efforts pour en faire des troupes sérieuses et bien encadrées.

M. Max Dollfus abandonne la caravane à Djéblé. Depuis que nous parcourons la Syrie, il a collectionné des échantillons d'étoffes dans tous les bazars. Il compte trouver ici des propriétaires qui consentiront à cultiver le coton avec des graines sélectionnées, que la Chambre de commerce de Mulhouse leur procurera. Voilà du travail intelligent.

Il se fait tard quand nous arrivons dans le port de Lataquieh. La garnison fait la haie sur le parcours du cortège, puis elle défile devant le général. Les 15.000 habitants de la ville assistent à la cérémonie, dans les rues, aux fenêtres, sur les terrasses. Nous nous trouvons au pied d'un minaret. Le muezzin chante ses appels à la prière sans se laisser troubler par les clairons et les tambours. La réception au Sérail est interminable. Sept discours, et combien longs, et combien applaudis ! Enfin on nous donne un peu de liberté pour rejoindre nos quartiers. Nous logeons chez l'habitant. Le fourrier m'envoie dans un couvent de franciscains. Cela me change des splendeurs de l'hospitalité du commerçant de Hama.

La maison est pauvre, mais proprette, l'église misérable. L'excellent P. Bertrand me raconte ses ennuis de curé-constructeur. Lataquieh est l'ancienne Laodicée. A cet illustre archevêché, il faudrait une cathédrale modeste, mais convenable. Malicieusement, mon hôte me fait remarquer qu'un Alsacien, Mgr Herscher, est, en titre, archevêque du diocèse disparu et que je ferais bien de le rappeler à mon éminent compatriote. 50.000 francs suffiraient pour terminer le travail déjà très avancé. Je m'acquitte de ma commission, Monseigneur !

Enfin quelques gouttes de pluie. Depuis notre départ de Naples, nous n'en avions plus vu. En ce temps-là, ce nous était une satisfaction de sortir de la zone des gros nuages pour entrer dans celle du soleil. Le ciel immuablement bleu nous fait peur aujourd'hui, car il signifie sueur et poussière.

Oh ! cette poussière, plus fine que la farine, légère comme l'air et se confondant avec lui, traversant les tissus amidonnés et pénétrant les autres jusqu'à les alourdir, cette poussière qui recouvre toutes les maisons et tous les meubles, qui fait que, quand on marche pieds nus sur des dalles, on a l'impression de fouler un tapis très doux, elle finit par devenir un cauchemar. Impossible de se défendre contre elle. Les plus courageux finissent par capituler devant cet ennemi sournois.

Aussi quelle n'a pas été notre joie quand, dînant sur la vaste terrasse du quartier général, nous avons vu quelques éclairs sillonner le ciel et quand une pluie (oh! bien discrète, bien menue) a commencé à tomber !

Avant le dîner offert par le général Billotte, un officier nous a fait une conférence sur le pays des Alaouïtes. En voici le résumé :

« Le territoire des Alaouïtes a été créé le 31 août 1920 par arrêté du haut-commissaire. Il a été formé de l'ancien sandjak de Lataquieh et de territoires prélevés sur les anciens sandjaks de Hama et de Tripoli, dans le but de grouper sous une même organisation administrative les Alaouïtes de Syrie. Le chef-lieu du territoire est à Lataquieh, où réside l'administrateur. L'Etat d'une superficie d'environ 7.500 kilomètres carrés, s'étend sur une longueur nord-sud d'environ 150 kilomètres, sa largeur moyenne d'Est en ouest ne dépasse guère 50 kilomètres. C'est un massif montagneux d'une altitude moyenne de 1.000 mètres. Les plus hauts sommets n'atteignent pas 1.800 mètres. La chaîne de montagnes principale, le Djébel Ansariéh, court parallèlement à la mer à environ 30 kilomètres de la côte. Elle forme un bloc unique qui prolonge au nord le Liban. Dominant presque en abrupt la vallée de l'Oronte, le massif montagneux s'épanouit vers la mer en un versant adouci, découpé par de nombreuses vallées très encaissées.

« L'extrême difficulté des communications du nord au sud, aussi bien que d'est en ouest, a fait de tout temps du massif Ansariéh un réduit très facile à défendre. Pourvue d'eau en abondance en hiver, cultivée même à des altitudes élevées sur ses plateaux et sur ses pentes, la montagne a servi d'asile à une rude population, qui a pu y braver les invasions et subsister dans son originalité autochtone.

« La population de l'Etat des Alaouïtes s'élève à environ 430.000 habitants ainsi répartis : Alaouïtes Ansariéhs, 299.000 ; Musulmans Sunnites, 78.000 ; chrétiens, 43.000 ; Ismailiehs, 7.500.

« Les Ansariehs peuplent le massif montagneux auquel ils ont donné leur nom. Leur religion paraît être issue du chiisme, mais elle est fortement mélangée de survivances païennes et de traditions chrétiennes marquées, par exemple, par l'observance de fêtes correspondant à celles du calendrier Julien. Leur religion demeure secrète, les dogmes n'en sont communiqués qu'à la suite d'initiation et jamais aux femmes. Celles-ci ne sont astreintes à aucune pratique religieuse et ne sortent pas voilées.

« Il y a une vingtaine d'années, un jeune Alaouïte, qui avait émigré en Egypte et y avait publié un ouvrage sur les croyances religieuses de ses compatriotes, crut pouvoir revenir dans son pays d'origine. Le lendemain de son arrivée, il fut assassiné.

« Au point de vue social, les Alaouïtes vivent sous un régime féodal aux liens distendus et sont groupés en tribus et en fractions de tribus sous l'autorité d'un grand nombre de petits chefs. Ce sont des montagnards ignorants. Fellahs fixés dans des hameaux, ils s'adonnent en temps ordinaire à la culture de leurs terres et à l'élevage de troupeaux de moutons et de chèvres. Dans l'ensemble, les Alaouïtes forment une population nettement distincte de l'élément musulman, à l'hostilité duquel ils ont toujours été en butte au temps de la domination ottomane. La constitution d'un Etat alaouïte autonome a répondu à leur vœu le plus ardent.

« L'Etat a à sa tête un gouverneur français nommé par le général haut-commissaire. Le gouverneur, aidé de ses conseillers techniques français, qui sont les chefs des services de l'administration centrale, établit le budget de l'Etat, arrête les budgets locaux, nomme les fonctionnaires de tous ordres et de tous rangs, sauf les administrateurs délégués et les mutessarifs des sandjaks. Auprès du pouvoir central est placée une Commission administrative de 12 membres. Elle est entendue à titre consultatif sur les affaires administratives, financières et économiques du territoire. En attendant que l'évolution du pays permette de remettre au suffrage la désignation des membres de la commission, ils sont nommés par le haut-commissaire pour une durée d'un an.

« L'occupation française a trouvé l'Etat des Alaouïtes sans une route. Les seules voies de communication étaient des pistes muletières et des sentiers. Les résultats acquis permettent de mesurer l'effort accompli dans ce pays de pénétration si difficile et dont la pacification n'est complétée que depuis un an.

« La route fédérale Tripoli-Lataquieh-Antioche est sur le point d'être terminée sur les 120 kilomètres qui séparent Lataquieh de Tripoli. Les travaux sont commencés en plusieurs points entre Lataquieh et Antioche. Une route transversale partant de Banias a été poussée jusqu'à Massyaf dans une région réputée inaccessible. Prolongée jusqu'à Hama, elle y rejoindra la voie ferrée Rayak-Alep. A l'intérieur même de l'Etat, neuf routes ou pistes sont en construction. La moitié est destinée à ouvrir des débouchés à la région de Safita, l'une des plus riches de l'Etat.

« Banias, Djéblé, Tartous, et surtout l'île de Rouad et Lataquieh sont des ports de pêche et de cabotage assez importants, en relations constantes avec les autres ports de la côte syrienne et l'île de Chypre. Lataquieh est une escale régulière des vapeurs de la Khédivial Mail Cie et est desservie en outre par un service de cabotage des Messageries maritimes. Un plan d'agrandissement et d'approfondissement de son port sera prochainement mis à exécution.

« Des travaux d'adduction d'eau entrepris depuis deux mois fourniront à Lataquieh de l'eau de source.

« Les villes de Lataquieh, de Safita et de Tartous sont déjà éclairées à l'électricité.

« Une ferme-école, créée à quelques kilomètres de Lataquieh, amènera peu à peu les indigènes à améliorer leurs procédés de culture et sert de terrain d'expérience pour les autres cultures nouvelles. »

Voilà comment la France comprend l'exercice de son mandat. Nous avons toutes raisons d'être fiers de l'œuvre civilisatrice de nos splendides coloniaux.

XXIII

JOURNÉE D'INAUGURATION

Les réfugiés arméniens. — Exposition permanente. — Port et
conduite d'eau.

Lataquieh, jeudi 5 octobre.

Ce matin, de nouveau une petite ondée. Cela
suffit pour transformer les rues de la ville en
véritables cloaques. Dans les mares, les enfants
barbotent avec délices. Le soleil est ensuite re-
venu, répandant sur Lataquieh une chaleur
lourde et moite.

Le général Gouraud et M. Lenail nous quittent pour aller passer quelques minutes dans un
camp d'Arméniens, réfugiés à Lataquieh depuis
plusieurs mois. 500 malheureux vivent là dans

des taudis sous la direcιon d'un évêque grégorien et d'un avocat. Jusqu'à 20 personnes grouillent dans chacune des misérables chambres en
une abominable promiscuité. Le général Billotte
leur a offert d'excellents terrains de culture et
proposé de leur faire des avances pour la construction de demeures définitives. Ils ont obsti-
nément refusé. Pourquoi ? Nul ne saurait le dire ;
car ces Arméniens ne peuvent pas entretenir l'es-
poir de rentrer en Cilicie. Qu'attendent-ils, dès
lors, pour se créer un domicile fixe dans une
région pacifiée où la population leur témoigne
une vive sympathie ?

Curieuse mentalité que celle de ce peuple, qui
a beaucoup souffert, mais dont la méfiance sys-
tématique semble toujours prévoir et, en quelque
sorte, appeler de nouvelles catastrophes ! Lorsque, après la signature de l'accord d'Angora, les
Français engagèrent les Arméniens de Cilicie à
rester chez eux, les assurant qu'il ne serait porté
aucune atteinte à leurs personnes et à leurs biens,
la propagande antiturque des missionnaires an-
glo-américains affola les infortunés chrétiens qui,
en masse, se replièrent sur les ports de la Méditerranée. Or qu'arriva-t-il ? Les Anglais refusè-
rent de recevoir les réfugiés à Chypre et en
Egypte, et ce fut de nouveau la France qui, après
les avoir recueillis en Syrie, dépensa 40 millions
pour les sauver de la misère et de la famine.

Les Arméniens de Lataquieh ont organisé une
loterie. Ils offrent des billets à leurs visiteurs.

Toujours généreux, le général Gouraud en prend 500 ; mais combien il est excédé par la mendicité de gens qui pourraient, avec un peu de bonne volonté, se suffire à eux-mêmes.

Après la présentation des enfants des écoles dans les salles du Sérail, on nous conduit à une exposition permanente des produits de la région, célèbre surtout par ses plantations de tabac, et des principales marchandises d'importation. Le tombac (tabac pour narghiléhs) est une des spécialités de Lataquieh.

De là, nous nous rendons à l'usine électrique, heureux essai d'association des capitaux français et arabes. On nous montre encore une fabrique de poteries indigènes.

Le général Gouraud est infatigable. Le voilà qui nous fait assister à une pose de première pierre. La ville n'a pas d'eau potable. On vient de capter des sources abondantes dans la montagne. Les barrages sont construits. Terminée également la tranchée de 22 kilomètres dans laquelle seront déposés les tuyaux de la conduite qui fournira 250 litres d'eau par tête d'habitant et par jour. On est en train de creuser le grand réservoir sur l'emplacement duquel coulent, en notre présence, en attendant mieux, les flots de l'éloquence officielle.

C'est ainsi que la France cherche avant tout à

relever le bien-être des populations confiées à sa garde : routes, chemins de fer, élargissement des ports, conduites d'eaux, utilisation de la houille blanche, électricité, autant d'entreprises dont les Syriens et les Libanais bénéficieront largement, après avoir, pendant des siècles, ignoré tout confort.

Il faut bien le reconnaître, les Syriens sont extrêmement sensibles à ces améliorations et dans tous les discours, dont ils sont si prodigues, ils ne se lassent pas de les signaler.

Il faut que l'eau de Lataquieh soit bien mauvaise. Notre excellent camarade, M. Max Dollfus, a été pris, pour en avoir trop bu chez ses hôtes, d'une attaque sérieuse de dysenterie. Ne voulant pas m'exposer à la même aventure, j'ai demandé au P. Bertrand de me servir un verre de bière. Hélas ! la bouteille, qu'il a fait chercher portait une superbe étiquette, sur laquelle j'ai lu avec effarement : *Münchener Hofbrau.* Nos brasseurs d'Alsace et de Lorraine ignorent-ils qu'on fait une grande consommation de blonde et de brune dans le pays de mandat ?

Le déjeuner offert par M. Maroun, au nom de la municipalité, a été servi aujourd'hui sur la terrasse d'une auberge de campagne. Le dessert de discours ne nous a pas été épargné. Puis il a fallu poser la première pierre de la jetée du nouveau port avec accompagnement d'autres palabres. Lenail doit en être à sa vingtième improvisation.

Autre inauguration de l'école agricole dans le domaine de Bourka. Partout la population acclame frénétiquement le général Gouraud (Rouraud, comme prononcent les indigènes).

. Nous devions, après un dîner intime chez le général Billotte, nous embarquer sur le *Cassard* pour nous rendre à Tripoli. L'état de la mer ne le permet pas. Force nous est donc de passer une deuxième nuit à Lataquieh. Je n'en suis pas fâché, car la cellule que le P. Bertrand a mise à ma disposition est très proprette et le lit européen excellent.

J'ai eu jusqu'ici une chance exceptionnelle : ni moustiques, ni punaises. Le malheureux correspondant du *Matin*, M. Demartre, ne peut pas en dire autant. Les insectes ont pour lui une navrante et piquante prédilection. Tout son corps est couvert de boutons et de plaies.

XXIV

NOUS NOUS SCINDONS

Les **souvenirs** des Croisés à Tartous. — Tripoli et l'école des
Frères. — Le crack des Chevaliers. — Chez le Patriarche des
Maronites. — Les ruines de Baalbeck.

Tripoli, vendredi 6 octobre.

La mission se scinde aujourd'hui. Je me suis
refroidi avant-hier soir pendant le dîner sur la
terrasse du général Billotte et je sens les premières atteintes d'un lumbago. Je ferai donc partie du groupe qui se rendra directement à Tripoli,
tandis que l'autre, sous la direction de l'infatigable général Gouraud, se rendra aux châteaux
francs.

Nous prenons, avec deux heures de retard sur
les excursionnistes de la montagne, la belle route
de la côte. A travers les plantations de mûriers
et d'oliviers, nous longeons la mer jusqu'à Tar-

tous, où nous retrouvons la première caravane.
Le général a été bloqué dans tous les villages, où
il a dû subir d'interminables ovations. Ce sont
là les inconvénients de la popularité. Ses compagnons ne s'en plaignent pas ; mais ils commencent à se demander avec inquiétude s'ils pourront
nous rejoindre ce soir à Tripoli, comme le prévoit le programme.

Nous visitons ensemble la superbe basilique
romane que les Croisés ont construite à Tartous,
puis nous nous séparons de nouveau. L'administrateur de la ville invite les membres de notre
groupe à un méchoui dont je garderai le meilleur souvenir. Un mouton tout entier, rôti à
point, nous est servi sur un canapé de riz épicé.
Nous faisons honneur au plat national des Syriens et, après une rapide promenade à travers
les ruines moyenageuses de la ville, nous remontons en auto. Toute la région que nous parcourons est un véritable jardin. Les cultures les
plus soignées s'étagent sur les premiers contreforts de la montagne, qui va en s'abaissant jusqu'à la trouée de Tripoli.

Il est cinq heures quand nous arrivons dans
cette dernière ville. Les habitants s'apprêtaient à
faire une réception enthousiaste au général Gouraud. Ils semblent très déçus en ne voyant débarquer des voitures que les minces personnages
que nous sommes et en apprenant que les autres
membres de la mission ne pourront pas être de
retour de leur excursion avant minuit. Néan

moins, ils nous réservent le meilleur accueil et insistent beaucoup auprès de nous pour que nous ne continuions pas, comme nous en avions l'intention, notre voyage jusqu'à Beyrouth.

Je prends mon logement dans le magnifique collège des frères de la Doctrine chrétienne. Avec quelle satisfaction je puis enfin passer sous une bonne douche fraîche ! Le directeur me fait les honneurs de son établissement, dont les nouvelles constructions sont à peine terminées. Du haut de la terrasse, le panorama sur Tripoli (la triple ville, mer, plaine et montagne) est d'une incomparable beauté. La fenêtre de ma chambre est exactement à la hauteur de la galerie supérieure d'une mosquée, bâtie en contre-bas. Le muezzin, avant de commencer son appel à la prière, me salue très courtoisement.

Dans une des cours de l'école, je rencontre un gentil garçonnet de douze ans.

— Comment t'appelles-tu ?

— Philippe Curé.

Curé ? Le directeur me fait signe de ne pas insister, et, quand nous sommes seuls, il me rappelle que les prêtres maronites, qui vivent dans l'obédience de Rome, se marient. Leurs enfants portent le nom patronimique de « curé » ou « curi ».

Cela ne m'empêchera pas de dormir. Mes pauvres reins, que notre randonnée de la journée à la vitesse de 80 kilomètres à l'heure ont mis en un état lamentable, n'aspirent plus qu'au repos.

XXV

DANS LE HAUT-LIBAN

Le Krack des Chevaliers. — Chez le patriarche maronite. Baalbeck.

Le général Gouraud et ses compagnons ont passé la nuit dans la montagne. On nous annonce qu'ils ne feront que toucher Tripoli pour remonter ensuite à Konia, où ils comptent rendre visite au patriarche des Maronites.

Je préfère prendre directement la route de Beyrouth. C'est dans l'automobile de M. Soubret, directeur de la Société d'entreprises, que je prends place. Nous roulons toute la journée sur des pistes accidentées. Les travaux de la grande route de la côte ne sont pas encore terminés. Partout des équipes de travailleurs, qui empierrent la chaussée et construisent des ponts.

Nous avons rencontré à Biblos le savant égyptologue de l'Université de Strasbourg, M. Montet. Tout en vidant avec nous une coupe d'eau glacée et une tasse de café turc, il nous a entretenus de ses fouilles et du culte antique d'Adonis et d'Astarté, dont Biblos était le siège dans la plus haute antiquité.

Le soleil se couche quand nous arrivons dans le grand port du Liban. Je rejoins immédiatement mon hôtel. On n'attend pas le général avant onze heures du soir.

Ici je passe la plume à MM. Anglès, Burnier et Wiriath, qui ont publié de leur excursion sur les sommets du Liban, un récit attachant :

« Vendredi, 6 octobre. En route pour le Krack des Chevaliers.

« Quel chemin ! Les autos se lancent à travers champs quand la route en construction est coupée, passant les rivières à gué quand les ponts ne donnent pas encore le passage, grimpent et dégringolent tour à tour sur des pentes en lacets. Tout le long de ce paysage bossué, parfois verdoyant et planté de beaux arbres, jalonné de villages fortifiés qui commandent toutes les routes, à Tartous, à Safita, à Tell-Kala, mêmes palabres bilingues, même concours de populations joyeuses et bariolées, mêmes acclamations en l'honneur de la « Francia » qu'avant-hier de

Hama à Bahnias. Safita y ajouta le régal imprévu d'une fantasia étourdissante d'audace et de couleur. Nous l'admirons encore à l'heure où nous devrions être au Krack des Chevaliers. Aussi repart-on en quatrième vitesse, par des chemins terribles, pavés de rocs noirs de basalte, d'une désolation infinie. Mais la nuit nous devance. Elle est tombée quand on arrive à la hauteur de la puissante forteresse de Kelaat-el-Horn qui, depuis une heure déjà, semble tourner à l'horizon sans se laisser approcher. On y grimpe, à pied, dans les ténèbres étouffantes, par des sentiers de chèvre.

« Mais quelle vision fabuleuse et inattendue d'un passé d'épopée quand, au bout d'une heure, sous la pâleur lunaire et l'éclat rougeoyant et mouvant des torches qui font sortir de l'ombre des pans de l'énorme muraille ou les marches d'un gigantesque escalier voûté, le fameux Krack des Hospitaliers de Saint-Jean se dresse devant nous, en plein ciel, formidable avec sa double enceinte crénelée, ses courtines, ses tours, ses chemins de ronde ! Il est 22 h. 30. Que nous importe dès lors une savante conférence sur l'architecture militaire des Croisés ? Ventre affamé n'a pas d'oreilles ! Qu'importe même le repas bizarre et bâclé qu'à 23 heures nous sert, avec dévotion, l'évêque grec du couvent de Saint-Georges, barbu, coiffé d'un bonnet cylindrique, le corps perdu dans une longue lévite. Qu'importent même (et qu'ils nous pardonnent !) les notables de Tripoli qui nous espèrent vainement depuis des heures et dont nous ne goûterons pas la somptueuse hospitalité ! Qu'importe tout cela devant ce panorama immense de néant et de solitude, baigné d'une lumière de songe où flotte le souvenir des Princesses lointaines, où l'on respire cette mélancolie indéfinissable qui monte des ruines illustres !

*
* *

« Samedi, 7 octobre : le Liban nord. — À 7 heures, en selle pour regagner les autos qui, dans la vallée, ronronnent et vont nous transporter à Tripoli. Bientôt, au détour de la courbe de la baie d'Akkar, dans le matin clair, apparaît la triple cité, étendue comme une odalisque au bord du flot céruléen, sa jolie tête blanche appuyée au coussin d'émeraude des bois d'orangers. La Mission reconstituée va rendre visite, à 65 kilomètres de Tripoli, au Patriarche des Maronites. Par une route audacieuse qui s'élève rapidement jusqu'à 1.400 mètres dans l'azur, les autos atteignent le plateau du Konia. La vue y est incomparable. A nos pieds, s'étagent en gradins les cultures d'oliviers et de mûriers, fruit d'un labeur patient et héréditaire. Tout au bas, Tripoli la Blanche, dans l'écrin parfumé de ses orangers. Et, dans le lointain, comme une immense écharpe de soie irisée, agrafée à la péninsule d'El-Mina, la mer étincelante. A tous les

villages que nous traversons, les montagnards
maronites font au général un accueil enthousiaste, expression émouvante d'un loyalisme plusieurs fois séculaire. Puis la route tourne le dos
à la mer. Par des zigzags vertigineux, elle rejoint la vallée où la Kadisha s'est creusé dans le
roc une gorge sauvage ; aux pentes s'arc-boutent
les mûriers et les oliviers ; dans les parois à pic
s'entr'ouvrent des grottes d'ermites, où se réfu-
gièrent contre le Turc jadis les Croisés, hier les
Libanais. Dominant ce paysage d'une sauvage
grandeur, voici Diman, somptueuse résidence
estivale où Sa Béatitude Mgr Hoyek, César et pape
de ce pays, a prié le général Gouraud et la Mission
à déjeuner. Au dessert, ce vieillard de 80 ans,
tassé dans sa grande robe rouge, affirme, en
termes émouvants, l'amitié millénaire, infran-
gible, du Liban envers la France.

« Il n'est si bons amis qu'il ne faille quitter.
Dehors, c'est un enchantement : le soleil couchant dore le petit bouquet des vieux cèdres du
Liban, perdu dans le creux d'une montagne de
corail rose ; une lumière blonde jette on ne sait
quelle douceur sur les croupes pelées et les gorges
farouches de la Kadisha. Et, dans le ciel d'un
bleu presque noir, s'étirent mollement des
nuages légers aux teintes abricot, puis roses,
enfin rousses. On voudrait ne plus partir, fixer,
prolonger ces minutes exquises, qu'on ne re-
vivra plus jamais. Brusquement, la nuit noie la
montagne, envahit le ciel. Alors commence une

descente vertigineuse jusqu'à Beyrouth, dans la poussière, le noir, l'inconnu, avec à droite, à gauche, l'abîme, qu'heureusement on n'entrevoit qu'aux virages difficiles. Les autos, tous feux allumés, ressemblent à de fantastiques lucioles qui se poursuivraient d'une course folle le long d'un énorme escalier en spirale. Il est 23 heures ; la lune fait de la mer toute proche une plaine d'argent en fusion. Les autos halètent le long de l'audacieuse corniche accrochée aux rocs de la baie, vers Beyrouth. »

Voici, d'après les mêmes auteurs, le récit de l'excursion à Baalbeck, à laquelle je n'ai pas pu prendre part.

« Dimanche, 8 octobre : Baalbeck. — Après tant de spectacles d'une matière si variée, d'une qualité si rare et d'une couleur si prestigieuse, le général Gouraud en avait réservé à la Mission un dernier et grandiose : les ruines de Baalbeck.

« La Mission, dans l'après-midi, par la route des stations d'estivage, le Liban et la Békaa, gagna la ville du Soleil. M. de Lorey lui en fit les honneurs. Ce qui reste debout est peu de chose à côté des édifices qui décoraient la cité ; les fûts, gisant à terre par la fureur des hommes et des tremblements de terre, sont plus nombreux que les colonnes qui dressent encore dans l'air bleu leurs chapiteaux corinthiens et leurs

VUE PRISE DU KRACH DES CHEVALIERS.

entablements trapus, où nichent les aigles. Mais quel spectacle que celui de ces ruines surhumaines ! Sans doute, c'est un art de décadence où le génie humain a sacrifié la perfection à la puissance, où se mêlent tout à la fois le colossal des proportions, la richesse un peu lourde de la décoration et la minutie exquise des détails. Sans doute aussi, bien des parties ont été gâtées par les superfétations stratégiques des Byzantins et des Turcs. Mais comment ne pas admirer la beauté des proportions du Temple de Jupiter ? n'être pas confondu à la vue des murs cyclopéens que les fellahs chétifs de Syrie ont entassés et sur lesquels le temps n'a pas mordu ? Enfin, comment ne pas être ravi en suivant sur les marbres patinés ces jeux délicats et prestigieux de la lumière qui, depuis 3.000 ans, ont enchanté les fidèles du Soleil ?

« Après le dîner, servi à l'entrée des ruines, la municipalité de Baalbeck et le Touring-Club Syrien firent à la Mission la délicate surprise d'une représentation scénique du mythe de la mort et de la résurrection d'Adonis. Dans la douceur d'une nuit sereine, sous un ciel éblouissant d'étoiles, dans le cadre des temples baignés par la clarté pâle et mystérieuse de la lune, ce fut un spectacle de qualité exquise, suivi dans un silence quasi religieux et impressionnant par des centaines de spectateurs.

« Dans la matinée du lundi 9 octobre, une partie de la Mission étudia les domaines agricoles de la Bekaa, sous la conduite des grands propriétaires fonciers, pendant que l'autre, avec le général Gouraud, visitait le centre d'aviation de Rayak et, après avoir assisté à des vols remarquables, écoutait une conférence très instructive du commandant Demain sur l'aviation militaire et commerciale. »

XXVI

DOLÉANCES

Nos commerçants de Beyrouth. — Les Libanais.

Beyrouth, dimanche 8 octobre.

Tandis que la plupart des membres de la mission partent en automobiles pour Baalbeck, je me rends au cercle français et fais quelques visites à des membres de la colonie.

Chacun demande ici à nous entretenir en particulier de ses petites misères. Refuser d'écouter ces doléances, c'est s'exposer à être jugé très sévèrement par les intéressés. Les approuver, cela ressemblerait à une manœuvre déloyale vis-à-vis de l'administration. Il est de toute évidence que les représentants de la France ne peuvent pas donner satisfaction à tous les vœux qu'on leur présente, même pas à ceux qui, théoriquement, seraient justifiés. Dans un milieu aussi difficile, où tant d'intérêts nationaux, religieux, économiques s'entre-choquent, il faut presque toujours avoir recours à des solutions moyennes, qui ont sans doute le tort de ne contenter complètement personne, mais qui permettent à chacun de se déclarer partiellement satisfait.

La guerre a laissé de grandes ruines en Syrie. Toutes les entreprises françaises collectives et particulières, ont été saccagées, leurs propriétaires déportés. La question des indemnités se pose ; mais vis-à-vis de qui ? Et puis, il y a toujours ce redoutable problème des Capitulations dont on ne saurait prévoir quelle solution lui sera donnée en Turquie, et, par contre-coup, sur le territoire de notre mandat. Enfin, les personnes sont, ici comme partout, violemment critiquées. Il y a tel fonctionnaire que j'ai entendu élever jusqu'aux nues par les uns, tandis que d'autres en faisaient un gibier de potence. Allez donc vous reconnaître au milieu de jugements aussi contradictoires. Depuis ce matin, j'ouvre donc mes oreilles, mais je tiens autant que possible ma bouche fermée.

Les négociants français souhaitent une représentation consulaire. Les Anglais, les Italiens, les Américains ont leurs consuls qui, en cas de conflit avec les autorités locales, prennent en main leurs intérêts, tandis que nos compatriotes ne peuvent s'adresser à aucun intermédiaire au-

torisé pour se défendre contre d'éventuels passe-
droits. On leur oppose cependant qu'en pays de
mandat, alors que les conseillers des gouvernements libanais et syrien sont tous des Français,
il serait étrange que la France se fît représenter,
pour ainsi dire auprès d'elle-même, par un agent
consulaire. L'objection est sérieuse.

Il est vrai que, par ailleurs, nos commerçants
redoutent d'être persécutés par les tribunaux syriens, le jour où le bénéfice de la juridiction
consulaire serait retiré aux étrangers. Ce qu'ils
me racontent de la prétendue vénalité de certains
juges indigènes et de l'arbitraire qui préside aux
arrestations, produirait sur moi la plus profonde
impression si les cas qu'on me cite ne remon-
taient pas à l'époque où le pays n'était pas encore
occupé par nos troupes et administré sous le contrôle des fonctionnaires du haut-commissariat.
Sans doute ce qui fut pourrait théoriquement se
reproduire, mais seulement après une évacuation
de la Syrie, que rien ne fait prévoir.

J'ai promis aux intéressés de transmettre leurs
doléances à qui de droit et emporté les volumi-
neux dossiers qu'ils m'ont remis.

La journée est aujourd'hui orageuse et la mer
moutonne fortement.

XXVII

*L'œuvre des Jésuites. — Adieux au général. — Un bal
à bord du Cassard.*

Beyrouth, lundi 9 octobre.

Le R. P. Remy, capucin et curé de la paroisse
latine, m'a emmené, dans une vieille auto trépi-
dante, jusqu'à la ferme-modèle que, de compte
à demi avec un grand propriétaire de Beyrouth,
il a créée aux portes mêmes de la ville. Nous
avons eu, et je ne m'en plains pas, une petite
panne au milieu d'une rue très commerçante.
Cela m'a permis de constater combien grande
était la vénération du peuple pour l'excellent religieux, dont la physionomie énergique révèle
le tempérament audacieux. C'est un chef que le
P. Remy. On l'estime beaucoup et on le... re-
doute un peu au haut-commissariat, où ses ini-

tiatives hardies troublent parfois la somnolence
de quelques bureaucrates.

Et cependant il réussit dans toutes ses entreprises. Sa ferme est un joyau. On y trouve des
bâtiments simples, sans aucun luxe, mais d'une
parfaite adaptation à la destination spéciale de
chacun. Partout une propreté méticuleuse règne
et, dans les étables, où 40 vaches et quelques centaines de porcs sont abrités, dans le grand pou-
lailler et la lapinière, où les races les plus diverses
de gallinacées et de rongeurs prennent leurs
ébats. Au centre de la propriété, l'habitation du
directeur et les logements spacieux et aérés d'une
cinquantaine d'orphelins. Tout à côté, le moteur
qui puise l'eau fécondante dans une nappe souterraine et les canaux qui la répartissent dans la
campagne environnante. Des plantations superbes d'arbres fruitiers sont alignées au cor-
deau. On ne trouverait pas mieux dans nos plus
belles exploitations agricoles de France.

Au moment où nous arrivons, les enfants sont
en classe. Tout à l'heure, ils prendront la bêche
et le sécateur et travailleront sous la direction
d'excellents moniteurs. Le P. Remy se propose
de placer plus tard ses élèves dans le Liban
comme chefs d'exploitation des biens wakoufs,
propriétés dont les revenus sont réservés aux
églises et aux mosquées. Ils représentent, en superficie, presque le tiers du sol libanais. Or ils
sont généralement négligés par les usufruitiers.
Une culture intensive en augmenterait le ren-

dement dans de fortes proportions. Le P. Remy s'est attelé à cette besogne ingrate. Il est homme à triompher de toutes les difficultés.

Réception chez les Frères. Les 1.000 élèves, réunis dans la cour, nous acclament. Discours, visite des classes.

Une école professionnelle de garçons, tenue par des sœurs, ce n'est pas banal. Cela fonctionne d'ailleurs admirablement, comme nous avons pu nous en convaincre. Les ateliers d'habillement, de cordonnerie, de tissage, de menuiserie, de serrurerie sont dirigés par d'habiles contremaîtres, qui ont sous leurs ordres 150 orphelins. La maison a si bonne renommée que la compagnie des chemins de fer y fait fabriquer les uniformes de ses employés. A 18 ans, les jeunes gens quittent la maison, qui leur donne un petit pécule avec les outils de leur profession. Ils trouvent immédiatement à se placer. La fanfare de l'établissement exécute, en notre honneur, quelques morceaux très réussis de son répertoire. Le chef de musique est un Alsacien de Guebwiller, avec lequel j'ai de vagues liens de parenté. Que le monde est donc petit !

Il sera nécessaire d'organiser l'enseignement professionnel sur des bases très larges en Syrie. Le pays manque de bons ouvriers. On y trouve des ingénieurs et des tâcherons, mais, pour ne citer que cet exemple, les mécaniciens font défaut. Il y a beaucoup d'automobiles, mais peu de conducteurs pouvant réparer leurs machines. De là un déchet énorme. De plus, impossible de recourir à la motoculture tant qu'il n'y aura pas d'ouvriers expérimentés et soigneux pour entretenir les moteurs. Le haut-commissariat s'occupe de cette utile réforme et a chargé M. Philippe Bériel, conseiller pour l'enseignement technique, de créer des écoles et de recruter un personnel compétent.

Autre visite rapide au pensionnat des sœurs de Besançon. 3.000 enfants de Beyrouth fréquentent les écoles françaises. Facilement on doublerait, on triplerait ce chiffre s'il y avait des maîtres en nombre suffisant.

A une heure, la mission est de nouveau au complet. Les excursionnistes de Baalbeck sont de retour. Le déjeuner à l'hôtel Naziar nous est offert par la municipalité de Beyrouth. Tandis que nous prenons l'apéritif au raki, les membres de la colonie française nous distribuent une brochure, dans laquelle ils ont résumé leurs doléances et leurs revendications.

Leurs critiques portent surtout sur les fonctionnaires français nommés par le haut-commissariat : choix, traitements, attributions, exercice prétendument arbitraire de leurs fonctions. Qui sait si elles ne deviendraient pas plus amères et plus justifiées le jour où, le nombre des conseillers de la puissance mandataire étant notablement réduit, les mêmes commerçants se trouveraient en face de fonctionnaires indigènes ! Il peut y avoir un peu de vrai dans les jugements que portent nos compatriotes sur une administration dont il a fallu mettre rapidement tous les rouages en mouvement, sans disposer du temps nécessaire pour les ajuster. N'oublions pas cependant que nous ne sommes en Syrie que depuis trois ans, qu'il était d'abord urgent de pacifier le pays, que le conseiller en uniforme d'officier inspire plus de crainte et de respect à nos ennemis (et il n'en manque pas) et que les résultats obtenus par ces administrateurs improvisés dépassent de beaucoup l'attente des plus optimistes.

Le service colonial n'exerce, hélas ! aucun attrait sur le personnel métropolitain. Le recrutement idéal de fonctionnaires, que leurs connaissances étendues et leur absolu dévouement classent au premier rang, présente dès lors d'insurmontables difficultés.

Le maréchal Lyautey, dont pourtant les incomparables mérites ne sont plus contestés par personne, a dû subir les mêmes critiques hâtives et injustes de la part des colons français. Dans les mémoires qui nous ont été remis les grandes qualités administratives du Général Gouraud ne sont nullement contestées. Peut-on admettre que cet homme, si intègre et si loyal, ait pu se tromper à ce point et si longtemps sur la valeur intellectuelle et morale de quelques-uns de ses collaborateurs ? Faisons donc, dans les sévères réquisitoires qu'on nous communique et qui, malheureusement, ont déjà trouvé un écho au Parlement, la part des déceptions personnelles de quelques-uns des accusateurs et de la fausse conception qu'ils se font de l'exercice du mandat.

Quant aux Libanais, ils ont, eux également, des vœux à formuler, et ils nous les présentent dans des mémoires fort raisonnables et où ils protestent à l'envi de leur indéfectible attachement à la France. La dîme devrait être remplacée par des impôts fixes, qui mettraient un terme aux fantaisies du fisc. Le gouvernement est invité à se procurer et à revendre, dans de bonnes conditions, aux agriculteurs, des plants de mûriers. Il serait souhaitable de développer la culture du coton et de la betterave sucrière, comme de favoriser la création de raffineries de sucre. Une banque foncière affranchirait les cultivateurs des intérêts usuraires. Les capitaux étrangers trouveraient une large rémunération en Syrie, par exemple dans les compagnies de distribution d'eau, de tramways, de gaz et d'électricité, qui, faute d'argent, ne peuvent pas améliorer leur matériel. Une puissante société de construction parerait à la crise immobilière en réalisant de sérieux bénéfices. Les commerçants souhaitent la construction rapide d'une ligne de chemin de fer Beyrouth-Tripoli. L'électrification des nombreuses chutes d'eau serait encore une entreprise rémunératrice. Avant toute autre réforme, il faudrait entreprendre des travaux d'irrigation. Depuis que l'Egypte a été dotée de canaux, le feddan de terre cultivable s'y loue au prix qu'on payait jadis pour l'acheter. Toute eau non captée devient un foyer d'infection. Aux portes mêmes de Beyrouth, le « maudit », la « rivière de mort » n'a pas encore été aménagé. L'incurie turque a laissé les épidémies s'installer à poste fixe dans les villes libanaises et syriennes. Qu'on combatte le mal sans merci.

Tous ces vœux sont légitimes. Le haut-commissaire les connaît et s'efforce de les réaliser. Un peu de patience, beaucoup de méthode sont nécessaires. Rome n'a pas été construite en un jour.

Le gouverneur Trabaud nous accompagne au collège des Jésuites, établissement d'instruction secondaire, que fréquentent plus de 800 élèves.

Enfin, nous nous rendons à la célèbre faculté de médecine et de droit qui est dirigée par les mêmes Pères Jésuites. 10 professeurs laïques et 4 religieux y donnent un enseignement qui peut rivaliser avec celui des meilleures universités européennes, à environ 600 futurs médecins. Les examens sont passés devant une commission composée de professeurs de la faculté de Lyon et des professeurs de la maison. La faculté de droit est fréquentée par une quarantaine d'élèves. Enfin les Pères ont créé une école d'ingénieurs, qui commence à donner d'excellents résultats. Les bâtiments de l'Institut sont spacieux et abritent des laboratoires parfaitement aménagés. L'architecte est un Jésuite alsacien, le R. P. Mathern, avec lequel je m'entretiens longuement dans le dialecte de notre province.

Une imprimerie importante, créée par les Jésuites, publie des ouvrages religieux et scientifiques dans toutes les langues parlées dans le Proche-Orient. Il a fallu engager des capitaux considérables et se livrer à des expériences prolongées pour se procurer les jeux de caractères compliqués et arriver à composer rationnellement les « casses » des ouvriers. La maison édite une dizaine de revues.

Les Américains ont fondé, eux aussi, à Beyrouth, une faculté de médecine. L'enseignement y est donné en anglais.

Dans les derniers mois, les Damasquins ont fondé, dans leur ville, une troisième école de médecine. Elle formera des officiers de santé.

M. Lenail me quitte pour aller, avec le général Gouraud, poser la première pierre du collège de la Mission laïque.

Sous la conduite d'un Libanais très cultivé et très ardent, le docteur Gimaliel, je visite l'imprimerie de *La Syrie*, journal français de Beyrouth. Le local est spacieux, la rédaction, réduite à sa plus simple expression. Une autre feuille, en langue française, *Le Réveil*, fait concurrence au premier. Des journaux arabes sont édités dans toutes les grandes villes du territoire de mandat. Comme partout, ils sont alimentés surtout par les mécontents, dont l'opposition se tient cependant dans des limites raisonnables.

A huit heures, dîner d'adieu, auquel le général nous a conviés dans sa belle résidence des Pins. Au nom des membres de la mission, le président exprime notre profonde gratitude au plus aimable, au plus prévenant et au plus infatigable des hôtes, pour toutes les attentions dont il nous a comblés et aussi pour toutes les salutaires fatigues qu'il avait bien le droit de nous imposer, puisqu'il les partageait, lui, le glorieux mutilé de la guerre.

Dernière réception. C'est à bord du *Cassard* que l'amiral Grandclément a organisé un bal auquel sont invités les membres de la mission et les commerçants français de Beyrouth. Les marins ont aménagé sur le pont du croiseur un salon élégant et brillamment illuminé, où bientôt circule une foule bigarrée. Les embarcations de la petite escadre ont été transformées en monstres marins et en mosquées et circulent lentement autour du *Cassard*, à la grande joie de la foule qui a envahi les quais.

A dix heures, je me retire. La mission n'existe

plus. Dès demain, elle va se disperser. Le rideau tombe sur la féerie dont les tableaux se sont succédé avec une vertigineuse rapidité. Il nous faudra quelques jours, voire même quelques semaines, pour mettre un peu d'ordre dans des souvenirs si variés, si instructifs, si passionnants. Pour l'heure, nous sommes comme éblouis par tant de lumineux spectacles, qui ont défilé sur l'écran sans nous laisser le temps d'en examiner tous les détails. La synthèse se fera, mais avec lenteur. D'avance je sais qu'il s'en dégagera deux sentiments : celui d'une puissante sympathie pour la population syrienne et celui d'une admiration sans bornes pour l'œuvre que la France accomplit dans le Proche-Orient.

XXVIII

EN TERRE-SAINTE

En mer. — Les Anglais à Kaïffa. — Le sionisme.

Kaïffa, mardi 10 octobre.

Je me suis embarqué ce matin à bord de l'aviso *Mondement*, qui se rend à Port-Saïd pour y faire son plein de charbon. M. Max Dollfus, qui continue à beaucoup souffrir de sa dysenterie, et M. Zolla, qui est très fatigué, m'accompagnent. Ils se rendent directement en Egypte où ils nous attendront. Le *Mondement* s'arrêtera quelques minutes dans le port de Kaïffa pour me permettre de rejoindre les autres membres de la mission qui s'y rendront en automobile par Sidon (Saïda), Tyr et Saint-Jean-d'Acre.

Nous levons l'ancre à dix heures du matin. Le petit vaisseau de guerre longe la côte, dont le merveilleux panorama se déroule sous nos yeux éblouis. Avec nos jumelles marines nous découvrons tous les détails du paysage, tandis que nos malheureux compagnons, que nous suivons des yeux grâce aux nuages de poussière que soulèvent leurs voitures, sont abominablement cahotés sur une route sinueuse, qui, depuis la frontière palestinienne, n'est qu'une piste mal dessinée.

Tyr, Sidon, quelle place ces ports minuscules ont tenue dans l'histoire commerciale de l'antiquité. Ils sont abandonnés aujourd'hui, comme Antioche et Laodicée. A peine si quelques barques de pêche y trouvent encore un mauvais abri contre les vents d'ouest.

A Kaïffa, le vice-consul, flanqué de son cawas chamarré, vient me prendre dans une large barcasse à vingt rameurs arabes. Dans un hôtel, qui a la prétention d'être moderne, je retrouve mes compagnons, brisés de fatigue et couverts de poussière.

Avec M. Lenail, je me rends chez le consul de France. Le cawas, avec son grand sabre recourbé, nous précède de quelques pas. Chez le consul, nous trouvons, assis en cercle, devant la maison, le gouverneur anglais, le représentant des associations sionistes et plusieurs notables. Quand le premier entretien est terminé, arrive l'évêque grec accompagné de ses vicaires généraux. Toujours en plein air, la conversation se prolonge pendant plus d'une heure. Tandis que M. Lenail, accompagné du vice-consul, se rend au couvent du Mont-Carmel (grotte du prophète Isaïe), je rentre à l'hôtel où je trouve quelques indigènes de marque, qui tiennent à nous présenter leurs doléances.

On nous dit beaucoup de mal des Anglais. Ceux-ci semblent s'être appliqués à blesser au vif les sentiments de la population autochtone par leurs procédés cassants de gouvernement. Leur mandat en Palestine est le même (ou, pour parler plus juste, devrait être le même) que le nôtre en Syrie et avoir un caractère exclusivement éducatif. Partant sans doute du fait que la Société des Nations ne l'a pas encore confirmé, et que dès lors ils administrent le pays en simples occupants, les Anglais traitent les Palestiniens comme les habitants d'une colonie ou d'un pays de protectorat.

C'est sans consulter les premiers intéressés qu'ils ont tenté de disposer de la Terre Sainte en faveur des sionistes. Ceux-ci occupent une large bande de terrain qui s'étend de Kaïffa à la Mer Morte. On y a construit, pour les abriter, un grand nombre de fermes modèles, où des juifs galliciens et russes ont établi leurs colonies communistes. Les intellectuels sont nombreux parmi ces déracinés. Ils ne respectent pas, nous dit-on, les préceptes de la loi mosaïque, et c'est avec un accent de profonde indignation qu'un israélite de Kaïffa m'a dit qu'on les voit casser des pierres sur les routes, le jour du sabbat. Les juifs de Palestine ne sont pas en effet les derniers à s'indigner contre l'envahissement de ces indésirables, pour lesquels la religion s'efface devant la nationalité, le Talmud devant les dogmes de Lénine, et qui cherchent avant tout, sur le sol sacré des ancêtres communs, à faire une active propagande en faveur du bolchevisme intégral.

Je demande à un Arabe musulman, particulièrement excité, pourquoi ses coreligionnaires ont vendu leurs terres à ces étrangers :

— On nous en a offert un bon prix, dit-il. D'ailleurs, quand nous aurons jeté les sionistes à la mer, nous reprendrons nos propriétés.

Encourageantes perspectives pour l'avenir ! Sir Herbert Samuel peut être fier d'avoir ainsi semé la haine, à pleines mains, parmi ses administrés. Il y a, paraît-il, 45.000 sionistes établis en Palestine. La population indigène du pays compte environ 700.000 habitants. Le foyer national juif n'est donc pas encore solidement constitué. On prétend que les Anglais commencent à comprendre leur erreur. D'un autre côté, les riches israélites du monde entier ne montrent plus maintenant que peu d'enthousiasme pour la création artificielle d'une nationalité juive et se lassent d'envoyer des subsides à ceux qui devaient la faire revivre.

XXIX

JÉRUSALEM

Le Saint-Sépulcre. — Un dîner chez Sir Herbert Samuel. — La
mosquée d'Omar et le Mur des Pleurs. — Le Cénacle. —
Bethléem. — Chez le patriarche latin et chez le Custode de
Terre-Sainte.

Jérusalem, mercredi 11 octobre.

Ce matin, départ de Kaïffa à sept heures. La
caravane se scinde en deux. Les uns (et j'en suis)
vont à Jérusalem en chemin de fer, les autres
s'y rendent en auto. Nous arrivons dans la Ville
sainte à midi et demi. Le consul de France nous
attend à la gare et nous accompagne jusqu'à la
grande hôtellerie de N.-D. de France, créée par
les R.R. P.P. Assomptionnistes, où nos chambres
ont été retenues. Le temps de déjeuner et en route
pour le Saint-Sépulcre, sous la direction d'un
Père Blanc, qui a bien voulu se charger de nous

piloter. Je ne dirai rien de l'émotion profonde qui nous saisit tous en nous penchant sur la pierre où pendant trois jours reposa le corps de Jésus.

L'église du Saint-Sépulcre est une construction vaste, lourde et sans caractère, mi-romane et mi-byzantine, que les rivalités séculaires des confessions chrétiennes, qui l'occupent à tour de rôle, empêchent d'entretenir convenablement, et dont la décoration intérieure est un attentat contre le bon goût. Les murs, recouverts d'un badigeon violâtre, sont malpropres. Les objets du culte : suspensions, chandeliers de toutes dimensions, icones et simples chromolithographies y sont répartis sans ordre et sans méthode. C'est un invraisemblable fouillis de vulgarités disparates.

Il est vrai que le pèlerin cherche autre chose sur cette terre sacrée. Le Sépulcre du Christ a été heureusement respecté par les vandales, qui l'ont entouré de tout ce luxe de pacotille. C'est un étroit caveau d'environ deux mètres dans les trois dimensions, taillé dans la pierre. Une ouverture très basse y donne accès. A droite, dans une niche, l'endroit où le corps du divin Crucifié fut déposé. Cette niche sert d'autel. On y dit la messe sur la pierre vive. Là aucun ornement inutile. Les pèlerins trouvent la grotte en l'état où elle était au lendemain de la Résurrection.

Une trentaine de marches à monter et nous voilà sur le lieu du Crucifiement. Malheureusement sainte Hélène, pour faire entrer le Golgotha dans l'église qu'elle construisit, fit décaper le sommet de la colline d'environ six mètres. Nous sommes donc bien sur le lieu géographique où le grand Sacrifice s'accomplit, mais le niveau en a été considérablement abaissé.

Une grille recouvre le rocher qui, d'après le récit des Evangiles, se fendit au moment de la mort du Juste.

Nous refaisons à rebours le chemin de la Croix, nous arrêtant aux stations dont l'authenticité semble incontestée pour arriver jusqu'au Prétoire de Pilate et jusqu'à l'*Ecce homo*. Ici, du moins, on a su respecter tout ce qui reste de l'époque du Christ. Deux arcs du portique sont intacts. Celui qui se trouve dans l'église des Dames de Sion porte une fort belle statue de marbre placée à l'endroit supposé où Jésus fut présenté à la foule par le Proconsul romain.

Nous visitons encore la maison de sainte Anne, où naquit la Vierge et qui se trouve devant la piscine probatique. Ce sont les Pères Blancs du cardinal de Lavigerie qui gardent ce sanctuaire. Ils ont su remettre respectueusement en son état primitif la grotte, qui formait la chambre du fond de l'habitation d'Anne et de Joachim. Grâce aux fouilles qu'ils ont entreprises on a encore remis à jour une grande partie de la piscine de 120 mètres de longueur sur environ 50 de largeur, que les Romains avaient entourée d'un quintuple portique à colonnes de marbre.

Sir Herbert Samuel, haut-commissaire anglais, nous avait invités à dîner dans sa superbe résidence, l'ancien hôpital allemand construit au-dessus du Jardin des Oliviers. La réception s'est déroulée suivant toutes les règles du cérémonial britannique : toilettes de soirée, présentations protocolaires, toasts au roi George et au président de la République, officier d'ordonnance invitant successivement les hôtes de marque à s'asseoir quelques instants au salon à côté du maître et de la maîtresse de maison. Avec cela, cordialité parfaite et conversations sans apprêts.

Avant de nous en retourner à Jérusalem, nous allons contempler, sur la façade de la cour, les statues de bronze de l'empereur Guillaume II et de l'impératrice Augusta-Victoria, en costumes moyenageux de Croisés. Ces monuments sont d'un grotesque achevé et les Anglais ont eu raison de les laisser en place, comme des symboles de la folie mégalomane de Hadj Guilloume.

A noter qu'à Jérusalem, comme en Syrie, la propagande anglaise sème les bruits les plus invraisemblables dans la population pour créer des difficultés à nos administrateurs de Beyrouth. Sir Herbert Samuel n'a-t-il pas demandé tout à l'heure à M. Lenail s'il était vrai que nous avions *déjà* évacué Damas. Cela lui a valu la jolie réplique que voici : « Curieux, Excellente ; mais ce matin mon cireur de bottes m'a déjà posé la même question. » A en croire ceux qui viennent de subir un si rude échec en Turquie, la France serait encore plus atteinte qu'eux-mêmes par leur reculade. Il n'en est rien heureusement. L'influence française a singulièrement grandi dans tout le Proche-Orient et la politique que suivent les Anglais en Palestine n'est pas de nature à la diminuer.

Jusqu'ici, la puissance mandataire a respecté les privilèges des établissements français, si nombreux et si puissants en Terre sainte. Nos religieux sont cependant inquiets de l'avenir qui leur est réservé.

Jérusalem, jeudi 12 octobre.

Ce matin, j'ai célébré, à six heures, la Sainte Messe sur la pierre tombale du Christ. Bon nombre de mes compagnons de route y assistaient.

Nous avons ensuite visité la splendide mosquée d'Omar, construite sur l'immense terrasse de l'ancien temple de Salomon. Le R. P. Dorme, de l'Ordre des Dominicains, un des plus savants archéologues de notre époque, nous servait de guide. Il habite Jérusalem depuis vingt-trois ans et en connaît toutes les pierres. Quelle instructive

RUE DE JÉRUSALEM. — COMME AU TEMPS DU CHRIST.

leçon d'histoire il nous a donnée sur les lieux
mêmes où les événements, qu'il nous rappelait
en un langage ému, se déroulèrent.

Du Cénacle, nous nous sommes rendus au mur
des Pleurs, où une cinquantaine de Juifs,
hommes et femmes, psalmodiaient leurs lamen-
tations devant les derniers vestiges du Temple
détruit par Titus.

L'après-midi a été consacrée, par M. Lenail et
par moi, à une tournée dans les établissements
français d'instruction et de bienfaisance, plus
prospères que jamais. Tous les supérieurs nous
ont exprimé leur satisfaction du nombre surprenant des rentrées. Il y a là comme une protes-
tation tacite contre l'occupation anglaise d'un
pays où, jusqu'ici, la pensée française était seule
à rayonner.

Pour terminer, nous nous sommes arrêtés à
Saint-Etienne, le célèbre couvent des Dominicains, siège de l'Ecole des Etudes bibliques. J'y
ai retrouvé mon vieil ami, le R. P. Lagrange,
l'orientaliste et l'exégète, dont les travaux sont
connus dans le monde entier.

Jérusalem, vendredi 13 octobre.

Ce matin, excursion à Bethléem. Le paysage
est d'une extraordinaire luminosité, presque sans

relief, tant les arrière-plans montagneux s'accusent avec une prodigieuse netteté.

La basilique ne présente pas grand intérêt. Dans la grotte obscure, une étoile d'argent marque le lieu de la Nativité. Un soldat la surveille pour empêcher les orthodoxes de l'enlever. Nous avions auparavant, Lenaïl et moi, visité un hôpital français et deux écoles tenues par les Frères. Ici, comme partout en Orient, la France tient le premier rang parmi les nations qui prodiguent à des populations apathiques les trésors de la civilisation et de la charité chrétienne.

Le Patriarche latin nous attendait à dix heures et demie. Nous avons eu un long entretien avec ce prélat qui, tout en étant d'origine italienne, prétend défendre les intérêts français. A la Custodie de Terre-Sainte, nous trouvons ensuite ces braves Franciscains qui, depuis le xiie siècle, montent la garde autour des Lieux Saints et ont, eux, toujours su se montrer particulièrement dévoués à la puissance protectrice des chrétiens.

L'après-midi nous avons visité Béthanie, vu de loin le Jourdain et la Mer Morte, salué le tombeau de Lazare.

Rentré à l'hôtellerie, je me suis encore rempli les yeux du panorama de Jérusalem à l'heure du coucher du soleil, symphonie de gris sur gris avec les quelques taches de vert poli qu'y mettent quelques rares bouquets d'arbres. Que de prestigieux souvenirs s'encadrent dans ce paysage, qui n'a pas varié d'aspect, bien que tant de guerres l'aient dévasté. C'est le même décor que le Christ contemplait, ce sont les mêmes gens vêtus des mêmes costumes qui se groupaient autour de lui pour écouter ses divins enseignements. La vie moderne, qui nous apparaît ici comme un contre-sens, a effleuré à peine le pays des traditions immuables. Pendant près de trois semaines, nous avons retrouvé la Syrie et la Palestine d'autrefois. Quelle vision de mystère nous rapportons de ce voyage hâtif !

Port-Saïd, samedi 14 octobre.

Nous sommes arrivés à la dernière étape de notre long voyage. La grève des inscrits maritimes nous joue de mauvais tours jusqu'au bout. Nous avions failli ne pas partir. Comment allons-nous rentrer en France ?

Les directeurs des Messageries ne nous donnent que de très vagues indications sur les courriers qui reviennent de Madagascar ou des Indes. Peut-être (combien ce peut-être est angoissant !) trouverons-nous en Egypte un bateau revenant de l'Extrême-Orient. Quel jour ? Nul ne le sait. Il vaut mieux se mettre, le plus tôt possible, en faction, à la sortie du canal de Suez, pour ne pas manquer le courrier.

Nous avons donc pris ce matin, après la messe,

le train qui, en quatorze heures, nous fera traverser le désert de Sinaï. La ligne, à voie unique, est bonne, les wagons ne manquent pas de confort ; mais les voyageurs, trop nombreux, sont littéralement empilés dans les compartiments. Il fait une chaleur étouffante.

Paysage de dunes de sable jaune avec quelques rares échappées sur la mer. Gares misérables, dont le personnel semble rongé par la fièvre et l'ennui. De temps à autre, une oasis avec quelques centaines de palmiers, sous lesquels sont édifiées de misérables paillotes et où grouillent des hommes et des enfants à la peau bronzée. Pendant les rares et courts arrêts, des fellahs nous offrent des dattes fraîches. Les Hébreux de Moyse qui, fuyant leurs persécuteurs, errèrent pendant quarante années dans ce désert chaotique et désolé, ne durent pas s'amuser tous les jours, et je comprends maintenant pourquoi ils regrettaient les oignons d'Egypte.

Nous arrivons le soir à El-Kantara. La caravane se scinde. Les plus infatigables de nos compagnons de route prennent le train pour le Caire. Les autres, dont je fais partie, montent à bord du yacht que la Compagnie de Suez a mis gracieusement à leur disposition pour les transporter à Port-Saïd. Le directeur, M. de Chateauminois, nous réserve le plus charmant accueil. Il fait presque nuit quand le petit bateau se met en marche pour remonter le canal. Un excellent dîner froid nous y est servi. Par les fenêtres du salon, nous voyons les silhouettes fantomatiques des grands vapeurs qui nous croisent.

A dix heures, nous accostons au débarcadère à Port-Saïd. Les chambres de nos camarades ont été retenues dans un bruyant hôtel. Nous descendons, Lenail et moi, au siège de la Compagnie de Suez, maison vaste et bien aménagée, dont une large galerie de bois fait tout le tour au premier étage, et où M. de Chateauminois nous a fait préparer la plus gracieuse hospitalité.

XXX

LE RETOUR

A bord du *Néra*. — Un navire en perdition. — La Canée. —
Bonifaccio. — Violent orage. — Nous débarquons à Marseille.

Marseille, mardi 24 octobre.

J'abrège. Les deux journées, que nous avons
passées sur la terre des Pharaons, ont été très
ternes. Le pays est plat, sablonneux. On n'y
trouve presque aucune verdure. Port-Saïd fait
l'effet d'un campement, plutôt que d'une ville.
Les constructions semblent provisoires, tant elles
sont légères. La population cosmopolite manque
d'originalité. Beaucoup de cafés avec terrasses,
beaucoup de musique criarde, des commerçants
qui forcent leurs prix, des nuées de mendiants
qui harcèlent partout l'étranger. Dans les rues,
nous entendons beaucoup parler français. Ce sont

des religieux franciscains qui tiennent les écoles où notre langue est enseignée.

M. Lafont, consul de France, nous offre un thé dans son élégante résidence. A bord d'une vedette de la Compagnie, nous visitons le port et les grands dépôts de marchandises. On nous fait « admirer » la statue de M. de Lesseps qui, placée sur un îlot, invite, d'un geste obséquieux, les navires à entrer dans le canal. Nous passons le reste de notre temps à flâner sur les quais et dans les avenues de la ville.

Enfin on nous annonce que le *Néra*, courrier de Madagascar, est arrivé dans la nuit du 15 et qu'il repartira pour Marseille le lendemain, après avoir fait son charbon. Nous pourrons donc nous embarquer le 16 avant mdi.

Bon vieux bateau de 145 mètres, qui navigue depuis trente-cinq ans, le *Néra* était jadis une des plus brillantes unités de la flotte des Messageries. Il n'a même plus aujourd'hui de beaux restes. Les cabines manquent de confort, la salle à manger, de propreté, la cuisine, d'artistes même passables. Pour comble d'infortune, ses machines sont en mauvais état, la glace fait défaut, les appareils de télégraphie sans fil ne fonctionnent plus. Nous sommes néanmoins heureux que cet ancêtre démodé de notre marine marchande veuille bien nous recueillir. Le capitaine, méridional gasconnant, que rien n'étonne et ne trouble, a le récit facile et coloré, la plaisanterie savoureuse. Parmi les deux douzaines de passagers que de gens intéressants, surtout un franciscain d'âge mûr, mais de tempérament jeunet, qui nous amuse par les audaces, d'ailleurs innocentes, de ses attitudes et de ses propos.

La traversée s'annonçait bien. Le vieux paquebot, suant et soufflant, faisait paisiblement ses dix nœuds à l'heure sur une mer d'huile. Un incident désagréable vint cependant troubler la béate torpeur dans laquelle nous vivions, n'ayant d'autre distraction que les cabrioles des dauphins, les passages de poissons volants et les boutades de l'ami Wiriath.

Mercredi matin, à six heures, n'entendant plus le ron-ron des machines, je me précipite sur le pont. A environ 500 mètres se balance un cargo de 1.200 tonnes, battant pavillon italien. Il est en détresse depuis 36 heures. Ses chaudières sont avariées et il n'y a plus de vivres à bord. Il ne nous reste plus qu'à le prendre en remorque. L'opération présente de sérieuses difficultés. Il y a d'abord à débattre la question des frais de remorquage. Puis il faut filer les amarres. A bord du navire désemparé se trouve une famille de passagers de fortune, des Levantins, qui font entendre des appels désespérés. Quand nous nous mettons en route à midi, le premier câble se déchire. Encore une heure perdue. Heureusement que la mer est calme. Nous nous trouvons en

travers des côtes méridionales de la Crète. Le
Marco-Aurelio demande à être remorqué jusque
dans le port de la Sude. Il faut donc contourner
la grande île à la vitesse réduite de 6 nœuds. Cela
fait 110 milles marins ajoutés à notre itinéraire
et 48 heures de retard. Comme compensation,
nous verrons la plus vaste, la plus belle, la mieux
abritée des rades de la Méditerranée. Peu de navigateurs la connaissent ; car elle est en dehors des
grandes routes maritimes.

Qu'on se représente un immense cirque entouré
de montagnes escarpées. Puis, brusquement, à
droite, une échancrure, que rien ne fait d'abord
prévoir, un étroit goulet, barré en partie par un
îlot vaguement fortifié, et, derrière ce passage,
une nappe d'eau profonde, longue de huit kilomètres, large de deux, encadrée au sud par des
montagnes boisées, au nord par des collines rocheuses d'un jaune éclatant. Toutes les flottes du
monde trouveraient un abri sûr dans cette rade
majestueuse.

Au moment où nous y pénétrons, quelques misérables barques de pêche et une canonnière
grecque lépreuse en animent seules l'immensité.
Notre arrivée fait sensation. La canonnière ral-
lume ses feux et fait lentement le tour du *Néra*
pour s'assurer qu'il n'est pas un vaisseau de
guerre camouflé. Défense nous est faite de descendre à terre. Le service de santé s'y oppose.
Une jeune fille, secrétaire du consulat, s'offre à
faire enregistrer le contrat de remorquage à la

Canée. Il lui faudra deux heures de patache pour remplir cette formalité.

Pendant ce temps, la famille levantine du *Marco-Aurelio* se morfond dans un canot au bas de la coupée du *Néra*, où elle voudrait s'embarquer. Le capitaine refuse de la recevoir avant que le laissez-passer du service sanitaire ait été accordé. La femme, une puissante orientale, gémit et vitupère en plusieurs langues. Elle semble avoir une prédilection marquée pour le mot qu'illustra Cambronne.

La secrétaire du consulat revient enfin, les Levantins sont hissés à bord, l'ancre est levée et le *Néra* reprend la mer.

Les journées suivantes sont monotones. De nouveau nous traversons le détroit de Messine, mais pendant la nuit. Le Stromboli, dont la masse s'élève en pain de sucre au milieu de la mer, sommeille lourdement. Nous prenons quelque plaisir à contempler, en passant, les profils pittoresques des îles Lippari. Une éruption pour rire du Vulcano nous distrait quelques instants. Puis c'est la traversée, par un temps maussade, du détroit de Bonifaccio, où nous saluons le monument des naufragés de la *Sémillante* (1855).

Ce matin (mardi), nous ne sommes plus qu'à

quelques kilomètres de Marseille, exactement à la hauteur du phare de Planier, quand éclate un formidable orage. La pluie tombant à torrents défonce les fortes toiles qui recouvrent le pont. Tout l'horizon est en feu. Le tonnerre gronde sans interruption et la foudre tombe tout autour de nous. Le spectacle est d'une beauté et d'une grandeur saisissantes. Pendant plus d'une heure, le *Néra* s'immobilise. A la lueur des éclairs, nous voyons d'autres grands vapeurs, que l'orage a également arrêtés dans leur marche. Heureusement qu'il n'y a pas de vent et que la mer est presque étale.

Quand le jour paraît, l'hélice se remet à tourner avec une sage lenteur. Notre-Dame de la Garde nous apparaît dans la brume. Le *Néra*, dont la cargaison s'est déplacée, donne fortement de la bande en entrant dans le port de la Joliette, que de nombreux bateaux désarmés encombrent.

A dix heures, nous sommes à terre. A midi, nos camarades marseillais nous offrent, chez Isnard, une savoureuse bouillabaisse d'adieu. La pluie, que nous avons retrouvée à Marseille, est comme un rideau gris qui tombe sur la féerie orientale. Ce qui reste de la mission se disloque. Il ne nous reste plus du merveilleux voyage qu'un souvenir mélancolique.

XXXI

La Syrie est un pays d'avenir. Elle sort à peine
de l'oppression séculaire en laquelle la tenaient
les valis turcs. Le régime hamidien, du moins
dans les provinces éloignées de Constantinople,
était fait d'arbitraire, de laisser-aller et de backs-
chich. Toute velléité d'indépendance était ré-
primée. On vivait au jour le jour, dans cette
résignation fataliste qui est l'essence même de la
religion musulmane. Les quelques progrès économiques, que l'industrie étrangère avait réalisés, disparaissaient au milieu de l'indifférence
d'une population qui n'en comprenait pas les
avantages. Sur un seul point, Syriens et Libanais s'étaient rapprochés de la culture occidentale. Ils avaient appris avec enthousiasme cette
langue franque qui leur ouvrait, avec les trésors
de l'esprit, la possibilité de se livrer au négoce
avec l'étranger. On naît commerçant dans ce pays

qui, à tous les âges, se trouva sur la route des caravanes. Par le français, les Arabes subissaient, malgré l'oppression turque, l'attrait de nos mœurs et de nos traditions.

Depuis les temps les plus reculés, la mentalité française avait mis son empreinte sur les cerveaux des races autochtones de ces lointains pays. Les voyageurs étaient unanimes à nous en exprimer leur surprise et leur admiration.

La France se doit, dès lors, de ne pas laisser se perdre ce contact qui lui est si profitable. Syriens et Libanais aspirent à se rapprocher de nous. Il faut que ce soit par le véhicule de la culture française qu'ils y arrivent. Nous n'avons pas de pensée de conquête ; mais, étant donné qu'on s'adresse à nous, comme à des éducateurs, il serait criminel de notre part de ne pas accepter avec empressement cette noble mission, qui fut déjà la nôtre en des temps plus difficiles.

Que par ailleurs l'exercice du mandat présente pour la France des bénéfices économiques certains, c'est là un à-côté qui n'est pas négligeable; mais qui ne saurait nous faire oublier ce qui reste l'essentiel, l'éducation d'un peuple intéressant entre tous, puisque sur son territoire se sont déroulés les plus grands événements de l'histoire.

L'exercice de la liberté exige un long entraînement sous une sage et prudente direction. Le donner brusquement à des peuples, qui ont vécu dans un long servage, c'est les pousser à en abuser par ignorance. Les races orientales sont intelligentes. En Syrie, elles ont déjà subi l'influence de notre civilisation. Encore ne faudrait-il pas en conclure qu'elles sont mûres pour l'autonomie. Trop nombreuses, trop différentes les unes des autres, trop séparées par des croyances rivales, depuis trop longtemps habituées à se combattre, il leur faut un tuteur à la fois bienveillant et énergique pour s'habituer à vivre sous une loi commune.

Rien de plus dangereux que d'appliquer à ces milieux si différents des nôtres des règles de gouvernement qui n'ont fait leurs preuves chez nous qu'après de nombreux bouleversements économiques et sociaux.

L'accord d'Angora, que les Anglais nous ont si violemment reproché, nous a permis de limiter des dépenses, ou dangereuses, ou sans objet. Les troupes actuellement stationnées en Syrie et qui se composent exclusivement de contingents coloniaux, avec cadres et techniciens français, ne sont plus employées qu'à pacifier le pays en donnant la chasse aux bandes d'irréguliers turcs et de Bédouins, dont les incursions compromettent la sécurité des habitants. On ne saurait pour l'heure en diminuer le nombre.

Les dépenses, faites durant la première période, étaient disproportionnées avec les résultats à obtenir. Présentement, le budget a été ramené au minimum. De toute nécessité, il devra être maintenu à ce niveau raisonnable pendant encore quelques années.

La paix, que nous avons faite avec les Kémalistes, nous délivre de toute préoccupation guerrière. Nous pouvons maintenant nous consacrer entièrement à des œuvres d'organisation pacifique.

Il est évident que les Syriens se font des devoirs de la puissance mandataire vis-à-vis d'eux une fausse conception. Tout en aspirant à se gouverner eux-mêmes, ils attendent de nous non seulement des directives et des conseils, mais encore et surtout des subventions considérables, que nous leur avons déjà copieusement fournies, mais que nous ne saurions continuer à leur assurer dans les mêmes proportions.

Ce sont là des prétentions excessives. Il faut que le pays qui, sous une sage administration, pourra développer, dans des proportions considérables, sa prospérité, apprenne à se suffire à lui-même. Nous l'y aiderons ; mais à la condition qu'il ne se borne pas, dans son insouciance orientale, à tendre la main. Nous lui avons assuré une sécurité suffisante pour qu'il lui soit possible de travailler et de produire sans plus avoir à redouter, ou les exactions d'un pouvoir étranger, ou les pillages des bandes qui l'infestaient jusqu'ici. Dès lors toutes les possibilités de développement lui sont ouvertes.

Quant au reste, il y aurait de la folie à vouloir abandonner à elles-mêmes des populations intelligentes et industrieuses, qui ont encore besoin d'un tuteur et qui certainement sauront reconnaître l'assistance qu'on leur donnera en devenant les clients de la France.

Le jour où nous partirions de la Syrie, la Turquie, l'Angleterre et l'Italie chercheraient immédiatement à s'y installer. C'est donc que le pays a quelque valeur. Mais à quoi bon insister sur ce que chacun sait et comprend? Les adversaires du mandat sont de ces vagues théoriciens qui entendent appliquer à tous les pays neufs les quatorze points du président Wilson, sans se soucier de l'état de maturité des populations auxquelles ils feraient imprudemment ce dangereux cadeau. La France, dans ses généreuses initiatives, vient au secours des opprimés ; mais elle entend également les préserver d'inévitables défaillances. C'est là une excellente politique, n'en déplaise aux amis des Jeunes-Turcs, des Jeunes-Tunisiens et des Jeunes-Syriens.

Aux travailleurs syriens nous avons assuré la sécurité, sans laquelle ni l'agriculture, ni l'industrie, ni le commerce ne peuvent prospérer. Nous avons ouvert des routes, qui facilitent les échanges. Il reste beaucoup à entreprendre. L'utilisation des chutes d'eau du Liban, l'irrigation des régions désertiques, une meilleure répartition des terres cultivées, l'éducation du fellah routinier, la création de conduites d'eau dans les villes qui en sont encore dépourvues, l'organisation méthodique des services publics, surtout des services sanitaires, autant de tâches que nos administrateurs ont entreprises et, qu'en un temps relativement court, ils ont en partie réalisées.

Il faudrait encore, et j'insiste particulièrement sur ce point, que des capitaux français fussent investis dans les entreprises syriennes. De nombreuses industries pourraient, avec profit, être installées dans un pays qui en est presque entièrement dépourvu : filatures et tissages de soie, moulins mécaniques, huileries, savonneries, parfumeries. Les usines électriques devraient être multipliées, comme les conduites d'eau potable.

Enfin nos commerçants trouveraient en Syrie de larges débouchés pour les produits français, s'ils voulaient se donner la peine de s'y créer une clientèle. Il est navrant de ne trouver, dans les bazars et les souks du pays de mandat, que des toiles anglaises et de la camelote allemande ; sur les routes, que des automobiles américaines ; dans les cafés, que de la bière de Munich. L'article français est partout handicapé par la concurrence étrangère. Pourquoi nos producteurs et nos intermédiaires ne s'adresseraient-ils pas aux bureaux du haut-commissariat de Beyrouth pour se faire indiquer toutes les possibilités d'exportation ? Pourquoi n'enverraient-ils pas en Syrie des voyageurs intelligents et débrouillards qui leur rapporteraient certainement de fortes commandes ? Le client oriental ne vient pas à eux ;

qu'ils aillent à lui, comme le font les Anglais, les Egyptiens et les Allemands.

Plus les transactions seront nombreuses entre le pays de mandat et la France, plus aussi notre influence sera grande au fond du bassin de la Méditerranée. Déjà nos missionnaires ont réalisé là-bas une œuvre grandiose, qui serait encore plus belle si des lois absurdes n'avaient pas compromis leur recrutement. Déjà les fonctionnaires si dévoués du haut-commissariat ont obtenu, par leur sage et active administration, des résultats surprenants. Un dernier effort est nécessaire. Qu'on le fasse sans retard. La Syrie indemnisera largement ceux qui auront contribué à son relèvement matériel et moral.

TABLE DES MATIÈRES

VIII

L'INCENDIE DE SMYRNE

IX

LA CITÉ DES KHALIFES

X

NOS ÉCOLES D'ORIENT

XI

MINARETS ET MOSQUÉES

XII

RETOUR A SMYRNE

XIII

LA GUERRE GRECO-TURQUE

XIV

XV

ENFIN EN SYRIE

XVI
LA PERLE DE L'ORIENT

XVII
A DAMAS

XVIII
HOMS

XIX
EN ROUTE POUR ALEP

XX
L'OEUVRE DES MISSIONNAIRES

XXI
UN JARDIN SUR L'ORONTE

XXII
L'ANTIQUE LAODICÉE

XXIII
JOURNÉE D'INAUGURATION

XXIV

NOUS NOUS SCINDONS

XXV

DANS LE HAUT-LIBAN

XXVI

DOLÉANCES

XXVII

ÉCOLES ET UNIVERSITÉ

XXVIII

EN TERRE-SAINTE

XXIX

JÉRUSALEM

XXX

LE RETOUR

XXXI

E. GREVIN — IMPRIMERIE DE LAGNY — 3-24.

OUVRAGES POUVANT ÊTRE MIS ENTRE TOUTES LES MAINS

* * *

La dernière lettre écrite par des soldats français tombés au champ d'honneur (1914-1918). (10e mille) 1 vol. . . . . 7 »

ACKER (PAUL)

Les exilés. Nouvelle édition illustrée (1 vol.). 7 50

AICARD (JEAN), de l'Acad. française.

Arlette des Mayons (1 vol.). . . 5 »

ALANIC (MATHILDE)

Ma Cousine Nicole (Ouvrage couronné par l'Académie française) (1 vol.) . 7 »
Rayonne ! (1 vol.). . . . . . . 7 »
Au soleil couchant (1 vol.) . . . 7 »
Derrière le voile (1 vol.). . . . 7 »
Le sachet de lavande (1 vol.). . 7 »

BAILLEHACHE (COMTESSE DE)

Les mains pures (1 vol.). . . . . 7 »
Princesse Fégoroff (1 vol.) . . . 7 »

BORDEAUX (HENRY), de l'Acad. française

La Nouvelle Croisade des Enfants (1 vol.). . . . . 7 »

BOURGIER (EMMANUEL)

Les Gens de Mer (1 vol.). . . . . 5 »

CARRÉ (LIEUT-COLONEL ALBERT)»

Les Engagés volontaires Alsaciens-Lorrains pendant la guerre. Préface de M. le Général de Castelnau (1 vol. illustré) . . . . 6 »

DANRIT (CAPITAINE)

La Guerre souterraine (Robinsons souterrains) (1 vol. illustré). . . 7 50
Au-dessus du Continent noir (1 vol. illustré). 7 50
L'Aviateur du Pacifique (1 vol. ill.). 7 50
Robinsons-Sous-Marins (Ouvrage couronné par l'Académie française) (1 vol. illustré). 7 50
Robinsons de l'Air (1 vol. illustré). 7 50

DAUDET (ALPHONSE)

La Belle-Nivernaise. Histoire d'un vieux bateau et de son équipage (1 vol.). . . . . 7 »
Tartarin de Tarascon (1 vol. ill.). 7 »
Tartarin sur les Alpes (1 vol. ill.). 6 »
Port Tarascon (1 vol. illustré). . . 7 »
Robert Helmont (1 vol. illustré). . 6 »

DELLY

Le fruit mûr (1 vol.) . . . . . . 7 »
Mitsi (1 vol.). . . . . 7 »
La chatte blanche (1 vol.). . . . 7 »

DES GACHONS (JACQUES)

Ma tante Anna (1 vol.) . . . . . 7 »

FIERRE (JACQUES)

Les Galères dans la rade (1 vol.). 5 »

FOLEŸ (CHARLES)

Le Roman d'un Soldat (1 vol.) . 5 75
Tuteur (1 vol.). . . . . 7 »
Sylvette et son Blessé (Ouvrage couronné par l'Académie française) (1 vol.). . . . . 7 »
Le parc aux oiseaux bleus (1 vol.) 7 »
Le parc aux oiseaux bleus (1 v.) 7 »

FONCK (RENÉ), Capitaine pilote aviateur

Mes Combats. Préface du Maréchal Foch (1 vol.). . . . . 7 »

FRAPIÉ (LÉON)

Nouveaux contes de la Maternelle (1 vol.). 5 75

FRAPPA (JEAN-JOSÉ)

La princesse aux clowns (1 vol.) 7 »

GÉNIAUX (CHARLES)

La lumière du cœur (1 vol.) . . . 7 »
Le château clair de lune (1 vol.) 7 »

GUITRY (LUCIEN)

Risquetou (1 vol.). . . . . 5 »

HERMANT (ABEL)

Histoires héroïques de mon ami Jean (1 vol.). . . . . 5 »

LEVEL (MAURICE)

L'Ile sans nom (1 vol.) . . . . . 6 »

MACHARD (ALFRED)

Popaul et Virginie (1 vol.). . . . 5 »
Le loup-garou (1 vol.) . . . . . 7 »

MALOT (HECTOR)

Sans Famille (2 vol. illustrés), l'un. 7 50
En Famille (2 vol. illustrés), l'un. 7 50
La Petite Sœur (2 vol. ill.), l'un 7 50

MARIVAL (RAYMOND)

Les Agouglous (1 vol.) . . . . . 7 »

NION (FRANÇOIS DE)

Son Sang pour l'Alsace (1 vol.). . 5 »

PREVOST (MARCEL), de l'Acad. française.

L'art d'apprendre (1 vol.). . . . 7 »

ROLAND (MARCEL)

Quand le phare s'alluma... (1 vol.) 7 »

ROSNY AINÉ (J.-H.), de l'Académie Goncourt

L'étonnant voyage de Hareton Ironcastle (1 vol.). . . . . . . 7 »

SEE (EDMOND)

Un Cousin d'Alsace (1 vol.) . . . 5 »

TRILBY (T.)

Amoureuse espérance (1 vol.). . 5 »
Arlette, jeune fille moderne (1 v.) 5 »
Le droit d'aimer (1 vol.). . . . . 7 »
L'impossible rédemption (1 vol.) 7 »
La roue du moulin (1 vol.) . . . 7 »

VALLERY-RADOT (RENÉ)

La vie de Pasteur (1 vol.) . . . 8 »

3138. — Paris. — Imp. Hemmerlé, Petit et Cie. 3 24.

www.ingramcontent.com/pod-product-compliance
Lightning Source LLC
LaVergne TN
LVHW021428170726
843501LV00005B/1237